임이여
강물이 몹시도
퍼렇습니다

임이여
강물이 몹시도
퍼렇습니다

인 쇄 2017년 11월 25일
발 행 2017년 11월 30일

저 자_김현구
발행인_박석진
발행처_현구기념사업회

인쇄처_전남대학교출판문화원
등 록_1981. 5. 21. 제53호
주 소_61186 광주광역시 북구 용봉로 77
전 화_(062) 530-0571~2
영업부_(062) 530-0573
팩 스_(062) 530-0579
홈페이지_http://www.cnup.co.kr
이메일_cnup0571@hanmail.net

값 10,000 원

ISBN 978-89-6849-445-1 (93810)

이 도서의 국립중앙도서관 출판시도서목록(CIP)은 서지정보유통지원시스템홈페이지(http://seoji.nl.go.kr)와 국가자료공동목록시스템(http://www.nl.go.kr/kolisnet)에서 이용하실 수 있습니다.
(CIP제어번호: 2017031120)

님이여 강물이 몹시도 퍼렇습니다

• 김현구 저 • 1930년대 시문학파 시인

현구기념사업회

■ 머리말

김현구 시집 『임이여 강물이 몹시도 퍼렇습니다』를 세상에 내놓는다. 이 책에는 현구 시인이 남긴 85편의 시와 그동안 문학 강연에서 발표되었던 학술 논문 4편을 수록했다.

현구(玄鳩) 김현구(金炫耈)는 1903년 강진에서 태어나 김영랑, 박용철, 정지용 등과 더불어 1930년대 시문학파 주요 시인으로 활동했다.

김현구의 공식적인 시작 활동은 1930년 5월 『시문학』 2호에 「님이여 강물이 몹시도 퍼럿습니다」를 비롯한 4편의 시를 발표하면서 시작된다. 그 후 『시문학』 3호(1931. 10)에 「황혼」등 4편, 『문예월간』 창간호(1931. 11)에 「풀 우에 누어」, 『문학』 창간호(1934. 1)에 「내 마음이 사는 곧」, 『문학』 2호(1934. 2)에 「길」, 『문학』 3호(1934. 4)에 「산비달기 같은」등 총 12편의 시를 발표하면서 활발한 시단활동을 벌였다.

그러나 1934년 4월 『문학』의 종간과 더불어 김현구의 공식적인 시단 활동은 끝을 맺게 된다. 이후 김현구는 시단과의 인연을 끊고 고향인 강진에 묻혀 자족적 시를 쓰다가 생전에 시집 한 권 내지 못한 채 1950년 6·25의 참화로 불운하게 생을 마감했다.

다행스러운 일은, 그가 세상을 떠난 지 20년만인 1970년 김현구의 시를 사랑하는 강진의 유지들에 의해 유고시집(『현구시집』)이 발간된 점이다. 이로써 자칫 한국 시문학사에서 사라질 뻔했던 시문학파 김현구의 존재를 우리의 기억 속에 되살려내는 계기가 됐다.

정말, 이 시집을 출간하기까지에는 많은 분들의 도움이 있었다. 강진원 강진군수와 김선기 시문학파기념관장, 그리고 김선태 교수(목포대)를 비롯한 임환모 교수(전남대), 최동호 교수(고려대), 이경수 교수(중앙대)가 그 주역들이다. 이 자리를 빌려 진심어린 감사를 드린다. 아울러 김현구 시의 가치를 더욱 빛내준 전남대학교출판문화원 관계자들께도 심심한 감사의 마음을 전한다.

2017년 초겨울

현구기념사업회 편집실

■ 차례

제1부

퍼렇게 출렁이는 강물

제1부

퍼렇게 출렁이는 강물

검정비둘기

뉘 눈살에 시달리어 그 맵시 쓸쓸히
외로운 넋 물고 오는 검정 비둘기
해늙은 느릅나무 가지에 앉아
구구꾸 목놓아 슬피 우노나

깨우면 꺼져버릴 꿈 같은 세상
사랑도 미움도 물 위의 거품
그 설움 향화처럼 피워지련만
날마다 못잊어 우는 비둘기

웰트슈매 – 쓰 니힐의 속 아픈 울음
알 이 없고 둘곳 없는 저 혼자 설움
귀 먹은 지옥거리 가에 앉아서
허공에 울어대는 외론 비둘기

높고 푸른 하늘은 끝없이 멀리 개어
태고연한 햇빛만 헛되이 흐르는 날
오늘도 혼자 앉아 슬피 울다가
어디론지 간 곳 모를 검정 비둘기

무상

시들은 꽃잎이 날은다 날은다
재운 봄 언덕에
오오 벗아 그 잔 들으시라
보는 체 말자

무심한 세월은 흐른다 흐른다
아끼는 맘 비웃고
오오 젊은이여 어둔 한숨 거두어라
근심을 잊자

죽엄길의 상여 소리 들린다 들린다
어제도 오늘도
오오 그대여 설운 귀 가리우라
들은 체 말자

때 오면 무덤에 돌아갈 이 몸도 이 몸도
외로운 나그네
오오 임아 나를 껴안아 다오
슬픔을 잊자

내 무덤에 오려거든

내 무덤에 오려거든
조용히 혼자 오소

날 새면 찾아와서
나와 둘이 노는 산새

여러 사람 지껄이면
행여 놀라 날아가리

내 무덤에 오시거든
눈물일랑 짓지마소

쓸쓸한 산골 속에
혼자 누워 한가한 몸

한세상 슬픈 생각
마음도 지긋하이

내 무덤에 오실 때는
아무것도 들지 말고

빈손 쥐고 오신 길에
볼 이 없이 외롭게 핀

꽃 한송이 옮아다가
무덤 위에 심어주소

나는 살고 싶소

위대한 가지 끝에
거꾸로 달아 매오

꽃 한 포기 웃지 않고
새 한 마리 날지 않는
천애의 절도에 가두어 두오

끝없는 고역과 잔학한 매질 쉬지 않는데도
나는 살고 싶소

계절과 계절이 입맞추고
바람과 구름이 오고가고

해가 궁창을 밝히다 간 다음
달이 은광면사에 별을 달고 오는 동안

하늘 가에 혼자 남아도
나는 살고 싶소

길

파란 안개 자욱히 덮여 고요한 길
나뭇잎 소복 쌓여 사람 기척 없는 길
아렴풋한 달빛 아래 호젓이 조으는 길
아아 마음속 그윽히 뻗은 길 숨어 있는 길

날마다 밤마다 때 없이 그 길 위에 노닐며
슬퍼하고 기뻐하며 또 눈을 감노니
기쁨과 설움에 때로 맑고 흐리우는
넋만이 다니는 길 마음 속 빛나는 길

우리 좋은 길동무로

당신은 왜 나를 보고 외면하십니까
그 피로한 얼굴을 요리 좀 돌리시오
고해풍파에 거칠어진 손목이나 만져 봅시다

그대 뜰 앞에 넘쳐 흐르는 샘물 한모금 원치않는 내게
문을 굳이 닫고 돌아섬은 어인 일이십니까
그대가 아끼고 탐내시는 보화야
나에게는 길 차비에 고달픈 짐이 될 뿐이외다

허공에 뜬 무지개 같은 그대 조그만 업적이야
에베레스트 상상봉 꼭대기 풀잎 하나와
대양의 깊고 어둔 물밑에 놓인 조약돌 한 알보다도
더 부러워 여기지는 않습니다

내 구태여 바라는 마음이 있다하면
그대 지난 날 위에 곱곱이 쌓인 슬픈 여행담과
눈썹에 고인 한 방울 구슬 같은 회한의 눈물만이
내 삶에 기름진 자양과 값진 노자가 될 것입니다

풀 끝에 이슬같이 이 목숨 사라지는 날
우리들 이 세상 지나가던 자리에 남기고 가는 것
오오 참으로 그 자리에 남는 것은 과연 무엇이겠습니까

이 목숨 끊어

이 세상 버리고 살으렸던가
한평생 꿈 속에만 잠기렸던가
온 세상 어둔 죄악 밝혀준다면
예수같이 이 목숨 끊어 드리지

사랑으로 흐린 세상 맑히고 싶다
눈물로 더러운 세상 씻고도 싶다
구박을 피하여 세상 버림이
한평생 꿈속에만 살으렴인가

그 길 아이 못막으리

죽음의 길 싫어 마소 부르거든 고이 가소
해와 달이 생길 적에 삶과 죽음 마련하심
누리의 크신 뜻을 싫다 한들 어이하리

가을 바람에 우수수 나는 잎의 길을 따라
억만의 옛 사람들 설움 안고 가셨나니
아니 갈래야 아니 보내랴 그 길 아이 못막으리

산에 오릅니다

산에 오릅니다
가슴속 깊이 파고앉은 憂愁[우수]와 煩惱[번뇌]는
부러가는 어덕바람에 떨치여 버립니다
나는 고요하고 맑은 마음으로
산에 올러와 앉습니다

저 하날닿는 地平線[지평선]우에는 사랑과 安息[안식]이 서리우고
산기슭을 도라가는 강물은 흐르며 노래합니다
들역을 건늬고 산모롱이를 휘여도라
하얀길이 사뭇 즐거웁게 다름질 칩니다
거기 惡魔[악마]같이 咆哮[포효]하는 앤진의爆音[폭음]은
文明[문명]의罪業[죄업]이외다

산에앉어보는 人家[인가]의 나붓한 집웅들은
平和[평화]스럽고 순해보이기 羊[양]의무리와 같읍니다
어찌면 저속에 그무서운 싸움이있나 疑訝[의아]해합니다
들에나는 까막까치도 오즉親和[친화]로 때를지어 놀지만
人間[인간]의 거리에는 詛呪[저주]와 爭奪[쟁탈]의
罪惡[죄악]이 있읍니다

산에 오릅니다

無心[무심]히 지꺼리는산새는 나의좋은 친구가됩니다

숲속에 樵童[초동]의 구슬같이맑은 노래를 들으며

萬有[만유]의 안윽한품속에 함뿍안끼워 天國[천국]을 꿈꾸려고

나는 산에올러와 혼자 앉읍니다

삶

두번못볼 꿈이오라
깨지말라 비옵거늘

百年[백년]을 살다가도
서러운맘 끝없으리

美德[미덕]과 榮華[영화]가
삶보다 귀여우랴

아차 한번 가고말면
銀河[은하] 아득한길 헤아리노니

시조

저절로 가는 길도
두 손 잡아 막으려든

피를 나눈 겨레 목숨
총칼로 끊단 말이

하물며 봄 뒤뜰에
피도 덜한 꽃들이랴

공음

고달픔이 걸의 흰조를 삼키어 버린 다음
천지는 지금 천길 물밑인 양 고요한 밤
아렴풋한 달빛 꿈같이 흐르는 언덕에 서서
나는 밤의 그윽한 공음을 듣사외다

별이 옮아 가고 달이 지나가는 발길 소리
낙엽이 내려지며 고이 쉬는 한숨소리
전설 바다를 흘러가는 세월의 속살거림
때의 이 신비한 공음이 들리어 옵니다

그는 바람보다 가벼운 발길로 걸어 옵니다
솔로몬과 클레오파트라가 그 발길 아래 짓밟히고
삼신산 찾아가던 태황도 어이 막지 못했나니
이는 우주의 숭엄한 멸각의 공음이외다

별과 달과 세월의 흐름에 치우치는 낙엽같이
나도 이밤을 지나가는 외로운 나그네이외다

낙화정

우리 고을 서문 밖 새 동산 모롱이에
쓸쓸한 꿈 어려 있는 이별의 터 낙화정

임 두고 고향 두고 타관 길 외론 마음
잘 가자 잘 있거라 서뤄 눈물 짓는 곳

아아 굽어진 노송나무 바람이 울면
서러운 옛 이야기 속살대느니

보내는 이 가는 이가 이 길에 서서
눈물을 흘리는 낙화정 낙화정

홀아비 설움

햇살이 몹시도 따가웁구나
그늘에 들어 클로버－나 찾아

천상 드릴 곳도 없는 네 갈래 클로버－를
찾다 못 찾거든 쓴 담배나 피우자

평생을 장가도 못갈 몸이
귀뚜라미처럼 외로워라

산새야 이리 오려므나

산새야 이리 오려므나
깊숙한 까끔 속 양지갓이 나는 좋단다
여기 무심과 정적이 숨은 잔디에 앉아
나와 단둘이 죄 없는 얘기나 한 마디 하자꾸나

고독

붉은 환락 속에 세월을 보내는 무위의 무리
음란한 사교담 뜻없는 홍소 허식 아첨
지껄이는 새떼처럼 질탕한 술자리에
나는 남원골 이어사처럼 괄시를 받습니다

무거운 짐 등에 지고 구슬 땀 흘리며
일을 해도 일을 해도 낙이 없는 세상을
헐벗고 굶주리며 구박받는 무리들게
나는 금방 손 흰 선비처럼 눈치를 받습니다

홀아비 시절

홀아비 시름시절 내어이 니칠니야
탓모를 제심술에 엄풀을 쥐쓰드며
멀정한 잔듸밧을 왼종일 질여놋코
아지랑이 조름에 개을니든 하품을

째질듯 펴진볏태 종달새 발이듸고
오동닙에 청개고리 비마주 소리할적
느틔나무 그늘에서 네갈내 그로봐를
긴여름이 저믈도록 슷슷내 못차잣내

홀아비 시름시절 내어이 니칠니야
돌담새에 귀쏘람이 별그린 정을읇고
수수밧치 성그리면 차분한맘 바이업서
초여드래 달이저도 밤거리를 해매든닐

서리발선 보리골이 보글보글 허러지고
싸랑싸랑 악가시야 말은 열매 흐득이며
애틋히 쓸쓸히 홀아비 쎈추노래
하로종일 듯고섯든 그시절 니칠니야

거룩한 봄과 슬픈 봄

으쓱 춥고 가슴 답답한 잿빛 구름이 흩어져버리어
푸른 하늘에 비둘기 같은 흰 날이 은빛 춤을 추고
온갖 수목의 싹을 틔는 미끈한 바람이 쏟아져 나오면
버드나무 피릿소리 요란한 봄 거리 위에
발벗은 어린이들이 긴 행렬을 시작합니다

가슴에 오직 生命[생명]의 물결이 넘쳐흐르고
天眞[천진]스런 기쁨과 거룩함과 밝은 마음으로
어머니 젖 같은 봄 소식을 펼치고 돌아다니는
어린이들의 코-러스가 거리에 넘치어갑니다

이럴 때 어른들은 산날맹이로 돌아가
묵은 記憶[기억]의 슬픈 보금자리에 몸을 안기어
잃은 사랑 죽은 사람을 못 잊어 한탄하는
세월이 가르친 덧없는 근심을 쌓습니다
웃는 봄빛도 옛 설움을 자아내는 물레가 됩니다

이 어린이의 거룩한 봄과 어른의 슬픈 봄이
한날 한곳에 다른 두 나라를 세웠읍니다
아아 芍藥[작약]순같이 곱게 벌어진 어린이의 기쁨이여
때의 물결에 씻기고 남은 어른의 슬픔이여

적멸

하늘에 쇠북소리 맑고 향기롭게 굴리어 가듯
비둘기 하얀 털에 도글도글 미끌리는 저녁 햇빛
마음이 비취일듯 환한 꽃잎이 언덕에 고이 지고
누리는 지금 빛나는 설움에 젖이어 있다
「누리의 아름다운 모든 것 그 빛난 목숨 짧아야
서러워하는 사람 마음 속에 길이 산다고」
때가 나직한 소리로 노래 부르고 지나가며
눈물같이 예쁘게 달린 꽃을 따 가 버린다

봄(기일)

강 물결 환뜻 빛나 내 눈이 부시오
머리칼에 희롱하는 바람끝이 간지럽소
햇살이 내려와 大地[대지]에 소근대면
웃음같이 틔어오는 아아 봄이여

끝없는 하늘에야 무슨 꿈을 그려보랴
노근한 이 언덕 설움인들 안 잊히랴
내 마음 고요하여 한가로이 눈 감으면
골짝에 흐르는 시냇물 소리

봄(기이)

아지랑이 실오락 헤치며 헤치며
꽃을 달고 오는 봄아
너는 어디서 솟은 듯 찾아왔니
햇살 타고 내려왔니
실바람에 불려왔니

누가 데리고 온 고운 새새끼들
아름다운 그 노래 그 노래
어디서 저리 용케 배웠다니
호사스런 꾸밈 瀏喨[유량]한 音樂[음악]
너의 차림새야 찬란도 하지

종달새 노래 아래
꽃 속에서 졸던 봄아

참새도 모르는 새
고양이도 모르는 새

노랑나비 등에 실려
無常[무상]의 푸른 자욱
내 가슴에 그어놓고

실바람 스을슬 따라
너 어디로 가버렸니

수양

한 이틀 보실보실 내리든 비가
개인 뒤 하늘빛은 애그 보드라
길 곁에 늘어진 실버들가지
얄포시 물든 초록 곱기도 하이

혼혼한 바람이 하늘에서 불어와
봄빛 실은 아기가지 하늘거리면
기쁨이 아물아물 입을 벌리어
가던 길 멈추고 웃음 보냈지

종달새의 말

하날간대 우지지며 종달새의 하는말은
간밤에 이슬맞고 꿈꾸든 얘기래요
바람에 몸을싫고 비오는길 날러가서
조롱조롱 다린별을 맛나고온 얘기래요

들에앉어 우지지며 종달새의 하는말이
나물캐는 시골색시 위로하는 말이래요
큰일한다 가시든님 이봄가도 소식없어
비비 배배 슬픈마음 위로하는 말이래요

꾀꼬리(기일)

오월 아침 이슬 실은 풀포기에서
호두둑 뛰어나온 환희의 정령
푸른 하늘 솜구름 하이얀 가슴에서
포르르 날아나온 은실 꿈의 직녀

푸른 물 흘러내리는 가지에 앉아
맑은 옥 향기롭게 날리는 노래가
한여름 낮 졸음에 선듯 뛰어 들어와
하늘가에 환상의 꽃 송이송이 피어난다

꾀꼬리(기이)

환상이 깃드리는 집!
피어오르는 구름솜의 하이얀 가슴에서
포르르 날아나온 환희와 새 넋이여!

이슬에 밝은 오월 아침
파아란 풀떨기에서
샘같이 솟아 오른 노래의 물결이여!

푸른 물 젖은 잎향기 스미어 내리는
느티나무 끝없이 우거진 숲 그늘 안에

황금 깃 빛나는 날개를 훨훨 벌리며
여름의 기쁨을 아뢰이는 너의 노래와

나무 숲 보드라운 마음결이 서로 얽히어
하늘 위에 은실의 꿈을 그린다

네 노래의 환한 빛깔 눈 으리는 은실같이
향기로운 하늘에 가득 얽히어

가냘픈 꽃의 꿈길을 갈아 빛내이고
금보래의 고운빛 저녁놀음 살풋 흔들어

노래바다의 가는 물결이 수없이 넘실거리면
누리가 꽃으로 빛나고 꿈으로 향기로워
황홀한 음악속에 하이얗게 흔들린다

지금 나는 부르던 노래를 잠간 멈추어

시달린 여름낮 무거운 마음깃을 벌리고
네 노래의 환한 빛깔 속에 뛰어 들어
그 가늘게 흔들리는 은길을 사뿐 걸어서
무지개 고운 문 아름다운 성을 찾아
아슬한 하늘의 빛난 길을 헤매인다

춘심

비 개인 뒤 장밋빛 구름의
게으른 걸음걸이
누리는 지금 춘심에 가득 잠기어
음분한 눈초리를 지리 감는다

꽃바람

꽃바람이 붑니다 꽃바람이 붑니다
봄 기다리는 내 가슴에 꽃바람이 붑니다
겨울 날 언덕 위에 찬 눈이 쌓이어
얼어 붙은 이 가슴 불어 가거라

꽃바람이 붑니다 꽃바람이 붑니다
이른 봄 산비탈에 꽃바람이 붑니다
지난 밤 새이도록 불던 바람에
어느 산골에 진달래꽃 피지나 않았는가

꽃바람이 붑니다 꽃바람이 붑니다
마른 들 잔디풀에 꽃바람이 붑니다
바람에 나부끼는 금빛 뒷잎 밑에서
새봄 맞이 차비하는 작은 꽃풀들

꽃바람이 붑니다 꽃바람이 붑니다
이른 봄 산비탈에 꽃바람이 붑니다
바람아 꽃바람아 어서 불어 가거라
남은 바람 다 불어야 꽃이 핀단다

풀 캐는 색시

벗은 발로 호미 들고 오늘도 들에 나와
풀캐는 시악시의 머리에 쓴 하-얀 수건
바람에 나풀리며 제 혼자 흥거리니
쓰린 세상 눈물이랴 임 그리는 설움이랴
풀 캐며 흥거리다 머언 길 보고 한숨 쉬니
작별한 그대 임이 이 봄 따라 오마든가
길에 선 나그네의 걷는 걸음 더디뵈니
아마도 늬 그리는 임은 이 봄에도 안 오신가

황홀

햇살 속에 웃음 짓는 고운 꽃송이
그늘을 숨어 흐르는 향기와 같이
달빛이 흐릿한 은노을 사이로
노래의 마음이 춤춘다 춤춘다

느티나무 우거진 푸른 가지 사이로
노래하며 날아드는 꾀꼬리같이
이슬 끝에 소근거린 달빛 속으로
내 넋이 스미어 든다 녹아 흐른다

권태

언덕에 실바람은 호리호리
먼 산엔 아지랑이 아롱아롱

휘파람 날리기도 흐들펐나니
지루한 봄날은 길기도 길다

햇빛은 누굴누굴 졸음도 오락가락
아리랑 옛 곡조나 읊어 볼거나

언덕에 실바람은 호리호리
먼 산에 아지랑이 아롱아롱

빼꾸기 제 설움에 흐느껴 울음 울면
신학산 고개 넘어 해는 저물어

오늘도 하늘 빛은 푸르고 머얼고
남포 앞 갯물은 들었다 났다

초하

아카시아 꽃은 하이얏게
오동나무 꽃은 보라ㅅ빛으로
知慧[지혜]갓치 맑은 하날에
사랑갓치 파랗케 흔들닌다.

깃븜이 욱어진 나무숩에
날빗치 보드랍게 숨쉬고
은결갓치 환하게 트인마음이
初[초]여름 빗갈에 나레를 친다

풀 위에 누워서

해도 지리한 듯
머언 산 끝에 파리한 하품을 물고
모기떼 가느다란 소리 설리 앵앵거리며
풀 뜯던 황소는 게을리 꼬리를 치며
보랏빛 노을 은은히 끼여 고요한 들에
구슬픈 꿈 아슴플하니 떠도는 여름 해으름
찔레꽃 순한 향기 스르시 젖어오는
냇가 보드레한 풀 밭에 누워
뽀오얀 하늘에 길이 피어오르는
나의 애달픈 한숨이여!

오오 나그네 길 곤한 다리 푸른 풀밭에 펼치고
붉게 물들인 저녁 구름 고요히 가는 길 바라보면
가슴에 발닥거리는 이 작은 목숨이
뜬구름같이 의지없음 덧없음!

겨울 날 눈 내려 움추러진 산이야 들이야
해마다 새봄 맞아 다시도 푸르건만
외로운 나의 삶은 이 한날 풀에 누워 한숨 쉬다

이 모든 생각 이 고운 들빛 다 버리고
한번 가면 자취도 남지 않을 덧없는 나그네 꿈

아아 하늘 끝에 사무치는 이 생각
구름쪽같이 헤어질 날이 과연 오려나
멀고 먼 옛날과 아득한 뒷세상의
긴 세월을 타고 흐르는 이 끝없는 마음결마저
자취도 없이 아주 사라지려나 사라지려나
이 고운 들빛을 내 눈에서 참으로 빼앗아가려나

숲길

가다가 못다가고
산에걸린 새벽달밑

이슬매진 숲길속에
은방울 버레소리

아여 다칠까봐
발길 조심 네딛노라

입추

어젯밤
불현듯 西海[서해]에 風浪[풍랑]이 일어
오늘아츰
天地[천지]가 왼통 요란스럽습니다

하늘에 구름은
한층바삐 다름질치고
樹木[수목]들이
슬픈몸짓으로 설레입니다

난되없는 소란에 황겁한 꾀꼬리
몸을 감추고
숲속 소스라처께운 벌레소리
하늘에 가득찹니다

아아 靈魂[영혼]의 슬픈 流浪[유랑]과
凋落[조락]의 붉은喪章[상장] 몸에 두르고
가을이 산을넘어
찾아 옵니다

가을

은날개 맑은별에
칼날같이 갈린季節[계절]!
아득히 먼하날에 외로운 구름 가면
아아 으지없는 나의넋은 눈물집니다

저녁햇빛 붉게들어 슬픈산 줄기 줄기
야워진 하날우에 가마귀때 나르고
마련없는 하누바람 大地[대지]를 부러가면
아아 나의꿈길은 無限[무한]에 닿습니다

내 마음 사는 곳

유리빛 바람이 솔솔 불어오고
실졸음 아지랑이 서리어 있는
그 밖에 향기로운 바다가 남실거리고
내 마음 늘 사심한 섬 둘레 흰 모래를
푸른 물결이 그칠 새 없이 씻고 있다

밝은 날빛에 바다가 은결같이 반짝이고
머언 곳 하늘이 나직이 내려와 속살대며
사랑 어우르는 갈매기떼 어지러이 흩어 나르고
춤추는 물결에 은비늘고기 꼬리쳐 굽실거리며
물새와 고기들이 서로 즐기는 곳

그곳에 푸른빛 기쁨이 꽃 머금어 있느니
그곳에 빛나는 보람이 멀리 얼신거리느니
슬픔이 거리에 잠기고 한숨소리 집마다 높을 때
그리움에 애닯은 나의 넋은 흰 새가 되어
포르르 포르르 근심거리를 고이 떠나
늘 봄의 물결 사이에 기쁨을 노래하느니

江南[강남] 제비 돌아오는 길 아득한 바다
그곳이 내 마음 살아 있는 곳
芭蕉[파초] 열매 무르녹은 향기가 가득 떠돌고
달걀처럼 희고 예쁜 배가 날마다 돛 달고 가며
새 노래와 고기 뛰임 그치지 않는 바다 물결에
내 마음은 물오리같이 잠방거리고 있다

월하고음

달이 기척없이 떠와 하늘에 걸리고
벌레 하나 지껄이지 않는
이 밤 玲瓏[영롱]한 沈黙[침묵]!

때도 그 걸음을 멈추운 듯
고요한 달빛 아래
꽃가지 잡습니다

天地[천지]가 그윽한 밤 三更[삼경]
無我[무아]한 나는
달 아래 佇立[저립]합니다

永劫[영겁]의 一隅[일우]에 서서
슬픔과 기쁨을 떠나
나는 不死神[불사신]이 되오리까

산소

산새가 이제 울고간뒤
바린듯 외로운 무덤하나
忘却[망각]의 廢墟[폐허]같이 寂寥[적요]한 沈黙[침묵]속에
산그늘 고요히 묘우에 어리우다

말없으신 무덤곁에 호젓이앉어
마음도 쓸쓸하야 눈물겹느니
銀碧色[은벽색] 엷게타는 저녁하날에
슬픈꿈 담은 香爐[향로] 피어오르다

서릿발

서릿발 섰네
서릿발 섰네
금잔디 언덕에 서릿발 섰네

돋는해에 구슬인양 반짝어림을
귀여움맘 발끝으로 헤치고보면

서릿발 섰네
서릿발 섰네
금잔디 언덕에 서릿발 섰네

황혼

황혼은 근심과 두려움을 내게 보냅니다
성 끝에 소삭이던 바람도 고요히 자고
이제는 우물에서 물 긷는 쇠고리줄의
처량한 울림도 그치어버렸읍니다

이럴 때 산골의 저녁 수풀 속에는
보금자리에 깃들어 있는 어는 산새가
오늘 포수의 모진 손길에 잡히어
목숨을 빼앗기고 돌아오지 않은
제 짝을 기다리는 슬픔이 있겠읍니다
집에는 마음 서러우신 늙은 어머니가
뭇마루에 혼자 앉아 울고 계시겠읍니다

하늘에는 아직 별이 하나도 보이지 않는데
머언 산 그림자가 빈 들을 건너
검실검실 무거웁게 달려듭니다
어디서인지 길 가는 나그네의
한숨 쉬이는 소리가 들리는 듯해요
아아 우리 아이가 잠 깨여 울지나 않을까요

황혼은 근심과 두려움을 내게로 보냅니다
어수룩한 발 모습이 소리도 없이 걸어와
나는 의지 없는 마음으로 그 뒤를 따라갔습니다
알지도 못하고 사람 그림자도 보이지 않은
어둑한 어느 산 밑 비인 마을을 지나서
모래 위에 물결 고요히 철석거리는
알 수 없는 저문 바닷가로 따라갔습니다

집에서 나를 부르는 소리도 들리지 않고
다만 희부연 별이 하나
머리 위에 외로이 비추이고 있습니다
나는 의지 없는 마음에 그 별이 그리워
한갓 우러르고 섰든 동안에
내가 이내 따라오든 그 황혼을
밤의 검은 그늘 속에 잃어버렸읍니다

나는 갑자기 쓸쓸하고 두려웁고 몸이 떨리어
바쁜 걸음으로 집으로 돌아왔읍니다
아아 황혼은 내게 근심과 두려움을 보내고
어디로 자취도 없이 가버렸을까요

산비둘기 같은

날씨가 이리 포옥 따스한 겨울 날
까아만 다박솔 아늑히 둘러선 산기슭
양지 바른 무덤 앞 잔디 위에 누웠으면
마음속 어둔 그늘 이제 구름같이 사라지고
죽음의 맑은 기쁨 향불처럼 피어오르나니

달빛 희뿌연 새벽 산골 안개 속 같은 내 가슴
숲속에 숨어 앉아 가만히 나래 떨고
졸리운 양 눈을 감는 산비둘기 같은 내 넋은
머얼리 가직이서 나직하게 우러나는
大地[대지]의 엘리지를 한가로이 듣습니다

임이여 강물이 몹시도 퍼렇습니다

한숨에도 불려갈 듯 보 — 야니 떠 있는
은빛 아지랑이 깨어 흐른 머언 산둘레
굽이굽이 놓인 길은 하얗게 빛납니다
임이여 강물이 몹시도 퍼렇습니다

헤여진 城[성]돌에 떨던 햇살도 사라지고
밤빛이 어슴어슴 들 위에 깔리어갑니다
훗훗 달은 이 얼굴 식혀줄 바람도 없는 것을
임이여 가이 없는 나의 마음을 알으십니까

밤 새도록

두견이울며 두견이울며
이른봄을 밤새도록 바람이불면
山[산]에는 진달래 꼿이피엿네

어덕에 혼자서 어덕에 혼자서
푸른하날 한업시 바래보다가
나는내서럼의 얼골을 만낫다

세월이 흘러 세월이 흘러
꿈속에 깃드린 파랑새는 날아가고
가슴에는 새 설움 또 한 줄기 자랐다

M夫人[부인]의 追憶[추억]

— 이 노래를 永郞[영랑]에게 드림

숨긴눈물 호려낼듯
잠든서름 불러낼듯
실바람 호리 호리
뒷산에 뻐꾹우름

님의바림 못내 서뤄
거름 거름 매친한숨
복사꽃 피든봄날
눈물씃고 가시드니

구곡간장 녹는서름
아조잊고 가셨는가
혀를끈어 참는마음
모질기도 하오신가

그대생각 슬픈언덕
복사꽃은 붉었건만
눈물어린 그얼골이
미칠듯 그립건만

M夫人[부인]에게

그대는 가시엿다, 가시엿다, 서런맘으로
쓴바귀꼿 노랏게 피인봄날에
그대는 가시엿다, 가시엿다, 서런맘으로
가여워도 못안을님 – 남기여두고

보람업는 사랑인들 어이앗가 노으랴만
아여 못견듸일 앏흔마은 니즈려
가여워도 못안을 어린님 남겨두고
떠나신길이야 참아아니 걸닐것을

깜안눈에 물어리여 발길도 고요히
혼자서 아득히 머 – ㄴ하날 바릐보든
가엽쓴 그봄은 이어덕에 또차저와
머언山[산]서 들녀오는 쑥궁새 우름

山[산]서럼을 아뢰이는 쑥궁새 우름이
드을내ㅅ가 쌍씰내 눈물이되여
님두고 가는가슴 쎄여질드시
그대는 서런길을 떠나시엿다

임의 노래

밤 이슥 고요히 잠드신 임의 얼굴
야윈 볼 가는 목이 보기 아니 애달파요

깨었을 적 설운 마음 꿈에 든들 기쁘오랴
푸른 밤 어느 별과 슬픈 신세 한하셔요

내 짐짓 못들은 체 이불 쓰고 누웠으면
바늘 상자 앞에 놓고 혼자 몰래 불던 노래

「설움으로 옷을 입고 눈물로 밥을 삼고
웃음꽃이 필 날이야 어느 때나 오려는고」

그대는 눈물겨워 이 노래를 불렀지요
이불 쓰고 듣던 나의 애끊은 줄 몰랐지요

감으신 눈썹에도 눈물이 고였구려
오므리신 입술에도 하소연이 열렸구려

옷 기웁다 바늘든 채 팔 베고 잠든 그대
설움도 마냥 지쳐 꿈 속에 드시었나

자다가도 느껴 울며 길게 쉬는 한숨소리
애끓은 내 마음 잠 못 들어 합니다

밤 이슥 고요히 잠드신 임의 얼굴
야윈 볼 가는 목이 보기 아니 서글퍼요

원연

차차주는이 업는 이江[강]변에 쓸쓸한江[강]변에
고요이 밀녀오는 물결의 소색임을
님이여 그소색임을 드르사이다
아 — 나의 서러운사랑을 드르사이다

기두린들 아모리 기두린들
안이오실 님이시언만
차마닛고 도라서지 못하는 발씃이
여기 저문 江[강]변에 썰니며 섯습니다

출넝 — 출넝 — 밀려가는 물결이야
다시오마는 긔약인들 업쓰리요마는
날 닛고 오지안는 님의마음은
애그! 참말 모질기도 하시구려

아아 바람에 소색이는 갈닙갓치
이다지도 애처로운 나의 마음!
님이여 재발 이몸 그만울니시고
어서와 나의눈물을 씻겨주세요

순간

아슴아슴 조을리는 엷은 잠결에
환뜻 지나가는 빛갈 속에
날아 닿는 구름의 그림자 뒤에
머리털 한들 날리는 바람결에
江[강] 물결에 봄 마음 희끗 뒤집히듯
내 앞에 언듯 왔다 사라져버리는
아아! 빛나는 순간……
—— 그리운 옛 마음의 한 끝이여 ——

아! 그는 무엇이랴 그리운 듯 애달픈 듯
이다지 알뜰히 눈에 잊은 듯
내 곁에서 느껴운 듯 희살부린 듯

산골엔지 어디선지 본 듯한 얼굴
조약돌 흘러가는 시냇가엔 듯
못가에 보실거린 빗방울엔 듯
저녁 빛갈 떨리는 언덕 위엔 듯

햇발에 흔들려 바람에 나불거려
소리도 없이 지나가는 그림자같이
어디선지 언듯 왔다 어디로인지
보랏빛 꽃망울이 사라짐같이
아아! 빛나는 순간……
— 그리운 옛날의 작은 幽靈[유령]이여 —

향수

맑은 밤 하늘에 바람이 스쳐가면
별나라 푸른 길은 멀리도 뵈오
내 마음 그리우니 아득한 어느 옛날
서얼리 떠나오던 넋이의 고향인가

온 누리 잠들어 끝없이 고요한
그 밤 위에 흐르며 손치며 속살거리는
별나라 그리워 우러르는 내마음은
이 땅에 사로잡힌 외로운 넋이인가

옛사랑

금빛물결 남실거린 보리밭가에
두리앉어 부끄렵든 옛사랑아
그대는 어느결에 주름잡히고
나도 이리늙어서 머리가 희다

덧없는 세월은 흐르고 흘러서
우리들 젊은꿈도 낡아버리고
허무러진 객사터 뷘마당 가에서
산비들기 구구 꾸꾸 울어대누나

산골 사내의 부르는 노래

쑤꿍새의 으름마자 멀어졌구나
이산골 싫다 외로웁다 나라갔는가
집앞에 시냇물은 흘러흘러 가버리고
혼혼한 봄시름만 산마루에 잠겼구나

흘러가는 시냇물에 이마음 띄워주자
물고기 외로움에 시다리든 나의가슴
가다가 가고가다 먼디마을 지낼때는
빨래하는 시악시의 고운손목 감고가리

외롭고 쓸쓸한맘 혼자부는 노래소리
산골도 외로운듯 서로마저 울려간다
시냇물아 흐르다가 포구가에 이르거든
이산골 외론소식 낱낱이 전해다고

쑤꿍새의 우름마자 멀어졌구나
이산골 싫다 외로웁다 나라갔는가
혼혼한 봄시름만 산마루에 잠겨있고
집앞에 시냇물은 흘러흘러 가버린다

그리운 옛날

저녁때 구슬픈 꾀꼬리 노래를
어덕에 혼자서 고요히 들으면
초여름 욱어진 나무숲 그림자
마음은 그리운 追憶[추억]의 나라로

실바람 새여드는 어덕에 누어서
고요히 귀기우려 저노래 듣든날
가삼에는 빛난보람 푸른꿈 그리며
먼하날 바라보는 그옛날 그옛날

사랑꽃 설움꽃

애야 연아 저 꽃을 보아라
젊은이 가슴에 흔들리는 사랑꽃

그 입술 그 눈초리 조롱 감춘 복사꽃
담 밑에 수줍어서 혼자 피는 민들레꽃

외로운 꿈 숨은 한숨 고개 숙인 할미꽃
시악시 설운 사랑 눈물어린 땅찔레꽃

애야 연아 그꽃을 보려므나
젊은이 가슴에 흔들리는 설움꽃

요정

여기 알들이 多情[다정]한 나의 적은 패아리 — 가 있다
그는 들만말만 살포시든 잠결속에 사노니

나라드는 봄나비, 이슬비 소근거린 여름花園[화원]
초밤별 엿보는 가을黃昏[황혼] 강변의 어둔숲길
또 양짓갓 까끔속 겨울산새의 모양하고
나의 얕든 잠결속에 아양지며 아른덴다

알들하고 다정한마음 손목을 잡으려하면
바람끝에 사라지는 꽃방울처럼 간곳몰을 妖精[요정]이려니
내옛날 이러버린삶의 한토막 빛나는 포 — 즈

銀幕[은막]을 선듯 지나가는 필름쪽처럼
잡힐듯 사라지는
오오 어릭적 꿈의모습 그리운 손님이여

나의 노래는

(一[일])

내노래는
드을에핀 쌍씰내의 눈물갓치
그러케 애틋하고
그향긔는
눈맛고 픠여난 매홧꼿갓치
그러케 맑으며
노래의 숨결은
시내ㅅ물갓치
처얼 처얼 흐르다가
山[산]에안저서 우는 쑥궁새처럼
나뭇가지에 쉬여잇다가
이마를 흘너가는 바람결갓치
간 길도 모르게 사라져버리는
그러케 흔적업는 노래를
나는 부르고 십다

(二[이])

내노래는
밋을수업는 시약시 우슴갓치
그러케 것잡을수 업고.
그울님은
저녁노을에 써러지는 쏫닙갓치
그러케 고요하며.
노래의 빗갈은
장미빗아츰 매친이슬에 눈을써
푸른하날에 번썩이는 날빗갓치
그러케 빗나다가.

山[산]그늘에 져녁빗갈 춤추다 써지드시
보인듯 안보인듯 어릿거리는
그러케 흐림한 노래를
나는 부르고 십다

작별

푸른 바다 하—얀 물새
모래밭에 자란 풀아
떠나가는 내 마음에
이제야 그립느냐

저 먼 바다 물결 위에
떳다 졌다 백구 노래
혼자 앉아 듣던 정을
못 잊어 눈물일레

산 너머 먼 곳에

보라ㅅ빗츠로 자주빗츠로 곱게물드린
저녁쎡 저녁쎡 해지는 山[산]고개
그고개 넘어 먼곳에 港口[항구]가 잇답니다
씃업시 넓은 빗나는 바다ㅅ가에

거긔뫼는 배돗대는 해일수 업고
커다란 륜선들이 드러닷는곳
아츰마다 철로는 서울을가고
저녁마다 륜선은 濟州[제주]간대요

밤되면 집집과 거리거리는
새별보다 더밝은 등불을켜고
오고가는 사람이 하도만어서
한참도 못보아 눈어질대요

우리골 자동차는 손님을 실코
날마다 山[산]넘어 그곳갑니다

三南[삼남]에 第一[제일]가는 굿이 낫다는날
금동이 아버지는 가보셧다요

보라빗츠로 자주빗츠로 곱게물드린
저녁썩 저녁썩 해지는 山[산]고개
그고개 넘어 먼곳에잇는 港口[항구]에는
날이날마닥 쒸쒸쒸 륜선이 드나든대요

어린 너는 산새처럼 가버리고

앓이가들 못하는 길이였든가
피배트다 어린너는 산새처럼 가버리고

천지에 둘곳없는 내마음 홀로 외로워
오날도 섭섭히 도라가는 너와놀든 이자리

아아 복사꽃 연연이 붉은 저녁노을속에
그대생각 그리움 千[천]갈래로 흐릅니다

갈매기

내마음은 물우에 뜬 갈매기 서런 갈매기
날마다 날마다 아득한 물ㅅ결새에 떳다 잠겻다
외롬이 자저 푸른 그림자 흐른물에 떨치고
하날에 소사 끗업는 한탄을 노래하느니

눈 감고 생각하면

눈감ㅅ고 생각하면 고향길 三千里[삼천리]
푸른산 구름밧게 머나먼 길이라오
나그네ㅅ길 곤한몸 산기슭에 쉬이면
옷깃스처 가는바람아 내눈물 부치고저

애별

오는날은 꼭가오리 내기혀 떠나가리
눈물이 길을 가리운들 가기야 못가랴만
애달피 써나는몸이 못닞는 이마음
님이여 그대바리고 내어이 차마 가리

기다림

고요한 거리에 달이 흐르면
누구를 만나려고 헤매이는가
오실 이도 없건만 기둘린 마음
바람만 소색여도 놀래는 마음

월광(기일)

무덤 길을 찾아가는 유령의 발길이여
근심같이 흘러 가는 죽음의 입김이여
누리의 오랜 설움 뉘 입술로 빨아들여
새로 돋은 내 무덤에 눈물꽃 피워주리

월광(기이)

느티나무 속잎을 만져보는 간지럼
젖가슴을 기어가는 섬서리발의 신경
벗은 몸 쑈파위에 뒤궁그는 마음같이
아편에 슬적 취해 핏줄이 저림같이

내 마음 왜 이리

내 마음 왜 이리 외로울까요
보-얀 하늘에는 부드러운 별
강 건너 들꽃은 따스한 입김
종달새 저리 기뻐 지절거린데 -

낙일몽

불그레한 빛 엷게 떨린 저녁 햇살 슬프다
마른 풀잎 스쳐가는 바람끝도 쓸쓸타
힘없이 해는 떨고 재운 바람 풀에 자고
성 끝에 홀로 서서 꿈은 외롭다

떠도는 마음

봄나븨 나라들면 바람에 실닌마음
어느세월 그리워 이다지 허덕이냐
빗나는 삶의터 아슬한 하날우에
길섯든 꿀벌처럼 기리기리 나르나니

꽃시절

꽃바람 실바람에 가슴 설레어
온 종일 꽃노래로 흥얼거리며
산 길로 들 길로 돌아다니던
옛날이 옛날이 그리웁구려

빈한

온 세상이 부러워하는 부귀와 영화를
떠도는 구름같이 여기렸더니
그 가난 못 이기는 아내를 볼 때
마음은 안쓰러워 눈물 고이네

산토끼

솔밭속 그늘밑이 나는 좋아서
한종일 풀속에 든 산토끼같이
아모런 생각없이 괴럼도없이
푸른하날 내보다는 산토끼같이

할미꽃

이봄도 다 가려노나 그립다 사랑 사랑
혼자피는 할미꽃 그얼골 서릅다
울어도 헛된보람 또울며 찾노라면
외로운 내봄철도 시들펴 지려노나

시름꽃

임 모시러 가던 길에
진달래꽃 붉었읍데
임 그리는 이 들길에
시름꽃이 눈물일레

한라산정에서

六千五百[육천오백] 피 — 트의 上空[상공]
하늘도 무던 가까운듯
日光[일광]은 유달리 휘황하다

萬頃蒼波[만경창파]는 구름으로 삼겠오

柏槇[백전]과 躑躅[척촉]의 臥上[와상]에 누어
용구비 구을르는 구름속에서
한가로운 낮잠을 이루다

雜談[잡담]과 煩惱[번뇌]는 바람에 쌓 보내겠소

이제 狂奔[광분]한 都市[도시]의 追憶[추억]이 그립지않느니
머얼리 내려다보이는 人間[인간]의 거리는
꿈보다도 아슬하다

幻想[환상]은 天馬[천마]에 채찍을 데도좋소
목이 마르거든 白鹿潭[백록담]으로 내려가지요

지리산

무서웁고 슬픈 傳說[전설]이 숨은 그대
巨人[거인]의 立像[입상]같이 장엄한 그대
그대 征服[정복]하려 내오늘 壯道[장도]에 오르다

高慢[고만]스런 거름으로 盤若峰[반약봉]을 올라서
婁萬[루만]의 生靈[생령]을 삼키여버린
그대 深林[심림]의 殘忍[잔인]한 품속을 뒤저보다
두활개 버리여 하눌에 고함치고
제법 호담한 장부인양 기새를 되며
남쪽 多島海[다도해]의 勝景[승경]을 賞[상]하다

이제 갑작히 물밀어오듯
밤이 검은깃을펴고 달겨들자
징그러운 옛이야기 도른 도른 살어나
나는 悚懼[송구]해 두귀를 세우다

老姑壇[노고단] 돌집속에 숨어자노니
앞산 어둔숲에 우는子規[자규]야
호랑이 등애업힌 어느少婦[소부] 怨魂[원혼]이 되여
이밤 三更[삼경]을 슬피우느뇨

智異山[지리산]은 진정 무서웠다
智異山[지리산]은 나의게 슬펐다

불국사

겨레의 자랑
造化[조화]의 極致[극치]
吐含山[토함산] 한구석에
너는 우리 자랑일다
천하를 호령하든 壯烈[장렬]한 나라싸움
홀란스런 임금거동 백성의 빛난 풍속
新羅[신라]의 옛날꿈은 바람같이 가버리고
너혼자 그文化[문화] 자랑스럽다

석굴암

어히 이리 고요한곳
어히 이리 외로운곳
세상을 쫓겨나온 恨[한]많은 어느 길손
눈물을 뿌리며 이곳 지나가드뇨
東海[동해] 푸른물결 무릎아래 넓히깔고
묵묵히 앉은佛像[불상] 꼭담은 가슴속에
몇千年[천년] 긴세월을 꿈은 향기러우뇨
외롭고 슬픈얘기 얼마나 숨었느뇨

부여

황폐한 이 고도를
유구한 백마강이 돌아 흘렀다

쓸쓸한 거리에는 그날 호화 흔적없고
박물관 진열장이 추억을 물었을 뿐

찬란한 꿈 자랑스런 부소산 등에 올라
백제 옛 하늘을 우러러 회고하다

날씨는 머얼리 황해에 트이어
구릉이 해구떼처럼 조을고 있다

낙화암 바위 끝에 고요히 앉아
의자왕 마감 날의 슬픈 얘기 생각노니

왕궁을 쫓겨나온 꽃 같은 아가씨들
이곳에 몸 던지어 피로 한을 삭였었다

오오 침묵한 사가
이름도 서러운 낙화암

그대 오랜 세월 헐지 않고 서 있는 동안
참하고 슬픈 전설 길이길이 빛나려니

상팔담

좁은산길을 구비 구비 돌아서
나무새다리를 기여오르노니
위태한 돌길을 또다시 돌아올라
새다리 위에 세운 새다리

어느 天國[천국]에서 오는소리뇨
딱치어다 뵈는 한발로 머리위에
사람도 뵈지않고 내려지는 말소리
겁많은 사내는 探勝[탐승]을 拋棄[포기]했다

하늘에 오르는셈 산끝에 기어오르노니
玉皇[옥황]의 仙女[선녀]가 놀다간 이곳
人間[인간]의 悲話[비화]는 거리에 남겨두라
성스런 이곳만은 깨끗이 직히우자

千尺[천척]절벽의 쇠란간에 기대여
아슬한 上八潭[상팔담]을 구버보노니
저 푸른물결속에 이몸 던지고저
죽엄이 꼬여데는 황홀한 心思[심사]여

백운대

만회암 호젓한 집
청유 염불 소리 귀에 걸고
잣나무 소나무 유애한 숲길 끼어들어
깊이 숨은 백운대 정밀한 바위 끝
내 홀로 유연히 그 위에 서 있노니
증준한 산옥의 거룩한 포옹을 몸에 느끼어
나의 영혼 안에 흰 촛불을 켜다

중향성 맑은 광망 온 몸에 스며들어
오탁한 진금이 별같이 트이어 오노니
사파의 팔고야 꿈인 듯 멀리가고
나는 신선인 양 삶과 죽음을 초월하다
깊은 골 붉게 타는 단풍잎 새에 앉아
마음은 백조가 되어
하늘에 합장하다

비로봉

찻집 통나무 벤취에 걸터앉아
갑갑한 날씨를 꾸짖었다

철없는 동무는 자꾸 길을 조르고
나의 마음은 짜증스러웠다

서운한 손 스틱을 끄을며 끄을며
다시 오기 어려울 이곳 버리고 가렸더니

문듯 안개가 波濤[파도]처럼 구을러간 뒤
눈안에 들어오는 恍惚[황홀]한 風景[풍경]!

오오 찬란한 金剛山[금강산]이 한눈에 보이누나

아롱다롱 花蛇[화사]떼처럼 고운 맵시 꾸미고
푸른 하늘로 기어오르는 봉우리 봉우리

돌산 이마에 깁수건처럼 펄렁거리는 瀑布[폭포]는
굽이굽이 산골을 돌아 靑龍[청룡]이 서린다

天仙臺[천선대]와 集仙峯[집선봉]은 서로 마주 부르고
저기 上八潭[상팔담]이 머얼리 내려앉다

眩惑[현혹]한 풍경이 달려왔다 물러섰다
가슴에서 물결처럼 출렁거린다

너무도 황홀한 이 그림 속에서
나는 슬픈 傳說[전설]은 꿈꿀 수 없다

아아 저 안개가 또 몰아오누나

전시우감

이를테면 百億萬年[백억만년]을!
너는 머리속이 아득하지 않니?

地球[지구]덩이는 돌다 이즈러지고
太陽[태양]불은 타오르다 사그라지고

山[산]아 바다야 짐승아 오오 사람아
나의 世紀[세기]에서 호흡하는 정든 친구들아

幸福[행복]은 오직 勝利[승리]와 戰取[전취]에 있노니
늬들은 사랑도 싸움같이 慓悍[표한]하라

나폴레옹은 그리스도보다도 偉大[위대]하다
豪勇[호용]한 叛逆兒[반역아] 히틀러는 오오 새로운 英雄[영웅]

僞善[위선]과 衒信[현신]은 世紀[세기]의 痼疾[고질]
그 속에서 呻吟[신금]하는 가엾은 受難者[수난자]여

邪惡[사악]한 戒律[계율]과 좀 먹는 道德[도덕]의 桎梏[질곡]을
바시우고
新生[신생]의 빛난 길을 그대 앞에 외치노니

禁慾[금욕]과 忍從[인종]의 骸骨[해골]을 불사르고
征服[정복]과 支配[지배]로의 굳센 걸음 내딛으라

百億萬年[백억만년]을 百萬[백만] 곱절 헤어보라
그래도 너는 아직 迷妄[미망]의 꿈속에 잠기려니?

을유년 팔월십오일

그해 그날은 유달리 무더웠다
戰鬪帽[전투모] 눌러스고 脚絆[각반]을 졸러매고
손에 竹槍[죽창]을든 仮面[가면]의 勇士[용사]들은
侮蔑[모멸]받는 그목숨 죽지못해 罪[죄]였니라

원수의 口令[구령]따라 나어가고 물러서는
이땅의 아들 딸은 안쓰러운 勇士[용사]였다
나무껍질 풀뿌리로 주린배 채워가며
알알이 모은곡식 원수손에 뺏기였고
밥그릇 수깔마자 모조리 떨려버린
이땅의 아들 딸은 불상한 勇士[용사]였다
날낸 창끝 원수의 心臟[심장]을 겨누며 겨누며
『하나, 둘』 訓練[훈련]받는 悲憤[비분]의 勇士[용사]였다

오오 乙酉年[을유년] 八月十五日[팔월십오일]!
총칼앞에 끌려다닌 仮面[가면]의 勇士[용사]들이
불볕쓰고 느러섰는 무더운 訓鍊場[훈련장]에
짜이고 짓밟히는 三千里江山[삼천리강산] 우에
靑天[청천]에 霹靂[벽력]같은 解放[해방]의 鐘[종]소리
이땅 이겨레의 恨[한]많은 가슴속에

이룩할길 믿기어려 그빛깔 희미하나
빌고빌든 소원이 이루어지든 그날
感激[감격]에 넘치여 얼빠진 사람처럼
울지도 웃지도 못했든 그날!

우리의 온마음은 한갈레로 흘렀었고
우리들 온視線[시선]은 한곳으로 쏠렸느니
그날의 우리게는 左[좌]도 右[우]도 없었니라
敗敵[패적]의 풀죽은 그꼴새야 보기도 시원했다
부러진 그槍劍[창검] 비웃기도 하였었다
三千萬[삼천만] 가슴에는 꼭같은 한마음
아무런 雜音[잡음]도 들리지 않든그날

오오 兄弟[형제]여 姉妹[자매]여
대체 우리는 언제부터 이리 서로 원수였든가
어느새 잊었는가 傲慢[오만]한 원수들이 侮蔑[모멸]의 눈살을
가슴깊이 저린소원 念佛[염불]처럼 외우면서
끌어오르는 憤怒[분노]에 이를갈든 그날을
한매아래 虐待[학대]받든 이겨레 이子孫[자손]을
어느 異端[이단]의 魔手[마수]로 이처럼 갈러놨는가

어제까지 정든친구 오날은 굴에숨어
아닌밤중에 저 총소리 어인일고
外敵[외적]을 모라내고 우리끼리 잘살잿든
無窮花[무궁화] 벌판우에 붉은피 어인일고

오오 저 음산한 굴속에든 同胞[동포]여 친구여
그대 기두리는 이祖國[조국]의 품안으로 어서들 도라오라
굳센팔둑 무쇠같은 손에손에 함마를들고
輪船[윤선]을 짓고 트럭을 만들자
飛行機[비행기]도 汽車[기차]도 만들어 남같이 살어보자
우리손수 지은배로 보배섬 금덩이도 실어오자
南洋[남양]따에 산다는 極樂鳥[극락조]도 孔雀[공작]도
실어다 길르자
손에손에 굉이를들고 五穀[오곡]을 뿌려 배불리살자

거륵한피 받은 이팔 이다리로
남달은 찬란한 文化[문화]를 세워
이三千里江山[삼천리강산]을 萬邦[만방]우에 빛내이자
피로얼킨 同胞[동포]여 배달의 아들이여
希望[희망]에 날뛰는 새아츰 새햇발 가슴에안고

우리들 다시한번 도라가잤구나
乙酉年[을유년] 八月十五日[팔월십오일]로

三千六年[삼천육년] 동안의 그압재도 지긋지긋 하려거든
우리끼리 이렇게 싸우다가 또다시 뉘좋은밥 될것인가
사랑하는 兄弟[형제]여 姉妹[자매]여
다 같이 한대뭉처 그총 그칼들고
우리의 참된원수 外敵[외적]을 지키잤구나
오오 乙酉年[을유년] 八月十五日[팔월십오일]!
다시한번 도라가자 感激[감격]의 그날로 그날로

제2부

현구 시 세계와 문학사적 가치

- 비애와 무상의 시학
- 김현구 시에 나타난 공간 표상의 변모와 그 의미
- 김현구 시의 문학사적 의의에 대하여
- 시문학파와 김현구의 시세계

비애와 무상의 시학

- 김현구論 -

김선태 (목포대 교수)

1. 머리말

이 글은 남녘의 한 시골마을에서 태어나 그 곳에서 조용히 시를 쓰며 살다간 김현구라는 시인의 시세계를 김영랑의 시세계와 대비[1]를 통해 약식으로 살펴보는 데 그 목적이 있다.

---

1) 두 사람은 다소의 차이는 있지만 흥미롭게도 다음과 같은 숙명적인 공통점을 가지고 있다.

첫째는, 두 사람이 비슷한 시기(영랑 : 1902년, 현구 : 1904년)에 같은 곳(전남 강진)에서 태어나, 생의 대부분을 그곳에서 함께 보냈으며, 또한 같은 해(1950년)에 6·25의 참화로 세상을 떠났다는 점이다.

둘째는, 시작 활동 면에서 볼 때 둘 다 습작기에 강진의 '靑丘'라는 문학동인회의 멤버였고, 『시문학』을 통해서 등단한 후 같은 동인으로 활동했으며, 비슷한 양의 작품 편수(영랑 : 86편, 현구 : 85편)를 남겼다는 점이다.

셋째는, 두 사람이 줄곧 같은 향리에서 서로를 자극하는 동반자로서 시작 생

玄鳩 金炫耉는 1904년 전남 강진에서 태어나 1950년 6·25의 참화로 세상을 떠난, 아직도 우리에게 다소 낯선 시인이다. 1930년 『시문학』을 통하여 등단했고, 시문학파의 중요한 일원으로 활동하면서 85편이라는 주목할만한 시를 남겼지만, 비슷한 시기에, 같은 곳에서 태어나, 줄곧 같은 곳에서 살며, 같은 동인지로 등단하고, 또한 같은 동인으로 활약했던 永郎 金允植이 한국현대시사상 김소월과 더불어 최고의 서정시인으로 평가되고 있음에 반해, 현구[2]는 살아 생전 이렇다 할만한 평가를 받아보지 못했으며, 더욱이 시집 한 권도 내보지 못하고 세상을 떠났다는 점에서 매우 불운한 시인이다. 다만 그가 세상을 뜬 지 20년 후인 1970년에야 비로소 유고시집인 『현구시집』이 비매품으로나마 발간된 것은 다행스러운 일이라 하겠으나, 이 시집 또한 문단에 널리 배포되지 않은 관계로 지금까지 논의의 대상에서 제외되어 왔다는 점에서 그의 시 전반에 대한 본격 연구는 여전히 미답의 상태[3]에 있다고 할 수 있다.

그렇다면 왜 그는 지금까지 철저하게 소외되어 왔는가. 이 점

활을 펼쳤던 만큼 시의 소재나 내용 그리고 구조면에서 매우 유사한 특징들이 발견된다는 점이다.

따라서 필자는 현구의 시적 장·단점을 효과적으로 드러내기 위해선 영랑의 시와의 대비·고찰이 필수적이라고 생각한다. 그러나 그 중심은 어디까지나 현구에게 두었다.

2) 이후부터 김현구를 '현구'로, 김영랑을 '영랑'으로 약칭하려 한다.

3) 그러나 현구에 관한 논의가 전혀 없었던 것만은 아니다. 문제는 김학동의 글을 제외한 대부분의 글들이 본격 논의라고 보기에는 어려운 단평류라는 데 있다. 여기에 관한 주석은 지면 관계상 생략한다.

에 대해 그의 시작 활동이 미진하였다거나 작품이 이렇다 할만한 특징이 없었기 때문이라면 문제는 간단하다. 그러나 뒤늦게라도 그의 유고시집을 읽어 본 사람이라면 누구나 그렇게 간단히 넘어갈 문제가 아니라는 데 동의할 것이다. 그렇다면 왜 그가 소외되어야만 했는가의 원인을 밝히고, 시작 전모를 다시 살펴서 정당한 평가를 내린 다음, 그의 시적 자리를 새로이 한국현대시사에 편입시켜야 마땅하다고 하겠다.

2. 생애와 불운한 시적 행보

현구의 생애에 관한 기록은 지극히 미비하다. 앞으로도 이를 소상하게 밝힐 수 있는 가능성은 거의 희박하다고 본다. 유감스럽게도 그는 고향 강진에서조차 철저히 소외되어 있다. 영랑이 다산과 함께 강진을 빛낸 상징적인 존재로 떠받들어져 오고 있음[4]에 반해 현구의 이름을 기억하고 있는 강진사람들은 드물다. 해마다 영랑의 생가에는 수많은 문학 답사객들이 찾아오지만 그곳에서 약 150미터 떨어진 곳에 현구라는 시인의 생가와 분가[5]

4) 실제로 강진읍 내에는 영랑과 다산에 관련된 다방이나 음식점, 수퍼마켓, 주택 등의 이름이 즐비하다.

5) 현구가 태어난 생가는 강진읍 서성리 179번지인데 지금은 정원을 비롯한 원형이 많이 훼손된 상태이다. 그가 결혼한 이후 분가하여 살았던 집은 강진읍 서성리 214번지로서 생가와는 지척지간에 있으나 유족들이 강진을 뜨면서 팔아버려 지금은 金在爕씨(65세, 강진경찰서 정보계장으로 정년 퇴임)가 살고

가 있다는 사실을 함께 알고 찾아오는 이는 없다.

다만 지금까지 알려진 기록에 따르면, 현구는 1904년 강진의 명문 관료 집안에서 5형제 중 셋째 아들로 태어나, 같은 김해 김씨 집안의 삼촌뻘인 영랑과 함께 강진공립보통학교(현 중앙국교)를 나와 배제학당을 다녔고, 그 뒤 일본으로 건너가 그리 길지 않은 학업을 계속했다는 것, 그리고는 결혼하여 슬하에 9남매를 두었고, 줄곧 강진의 산하에 묻혀 시를 쓰며 살다가 1950년(46세) 6·25의 참화로 세상을 떠났다는 것이 그 전부이다.[6)]

현구의 공식적인 시작 활동은 1930년 5월 『시문학』 2호에 「님이여 강물이 몹시도 퍼렁습니다」를 비롯한 4편의 시를 발표하면서 시작된다. 그러니까 창간멤버로서 『시문학』 1호에 「동백닙에 빗나는 마음」 등 13편의 시를 발표함으로써 시단에 얼굴을 내민 영랑보다 두 달 후에 등단한 셈이며, 등단과 함께 현구는 시문학파의 일원으로 본격 가담하게 된다.

현구는 그 후로도 『시문학』 3호(1931. 10)에 「黃昏」 등 4편, 『문예월간』 창간호(1931. 11)에 「풀우에 누어」[7)], 『문학』 창간호(1931. 11)에 「내 마음 사는 곧」, 『문학』 2호(1934. 2)에 「길」, 『문학』 3호(1934. 4)에 「산비달기 같은」 등 총 12편의 시를 발표하면서 활발

있다.

6) 그러나 필자가 본고를 준비하면서 관련된 모든 기록을 찾아보고, 사람들을 만나 그들로부터 증언을 들어본 결과 그의 생애에 관한 좀더 소상한 내용을 알아낼 수 있었다. 구체적인 내용은 뒤의 연보를 참고 바람.

7) 작품 제목이나 본문의 표기는 원문을 따랐음.

한 시단활동을 벌인다. 그러나 『문학』의 종간과 더불어 현구의 공식적인 시단활동은 끝을 맺게 된다. 이후 그는 시단과의 인연을 끊고 향리에 묻혀 자족적(自足的)으로 시를 쓰다가 1941년 시집을 발간하려 했으나 뜻을 이루지 못하고 1950년 6·25로 타계하게 된다. 사후 20년만인 1970년 유족들과 임상호씨를 비롯한 '현구기념사업회'에 의해 유고시집인 『현구시집』이 고인의 뜻에 따라 비매품으로 출간되었고, 그 뒤 22년 후인 1992년 11월 강진군의 후원으로 『김현구시집』이 재출간되었으며, 강진군립도서관 앞 「영랑시비」가 마주 보이는 자리에 「현구시비」가 세워졌다.

여기까지가 현구의 시단 활동의 전부이다. 그렇다면 왜 현구는 1934년 4월 『문학』의 종간 이후 시단활동을 중단했으며, 시집도 발간하지 못한 채 지금까지 잊혀진 시인이 되었는가. 그 요인은 다음 몇 가지로 나누어 생각해 볼 수 있다.

첫째, 지나친 결백성과 자족적인 시적 자세를 들 수 있다.

그는 세상사에 매우 비관적이고 소극적이었다. 또한 자신을 비하하거나 자기의 시에 대해서도 스스로 폄하하는 습성이 있었다. 그래서 그는 영랑과는 달리 시문학파의 해체와 더불어 시단활동을 더 이상 적극적으로 이어갈 생각을 하지 못했으며, 모든 것을 잊고 조용히 향리에 묻혀 시를 쓰며 살아가고자 했다. 그의 이러한 시적 자세는 『현구시집』 머리말에 잘 드러나 있다.

> 本來가 이 詩集은 그 價値에 있어서 甚히 低劣하다 함을, 내 自身 謙讓에 의한 過小評價가 아님을 確認함에 널리 世上에 읽히어서 有益됨이 없을 것을 自覺하고 寫本으로나 하여, 내 혼자 간직하여 두려던 것으로써 詩壇的 責任과 批評을 忌避하려는데 있음……[8]

둘째, 시집 간행을 약속했던 용아 박용철의 와병에 이은 죽음을 들 수 있다.

주지하다시피 박용철은 시문학파의 문학적 성과를 정리하기 위해 시문학사에서 정지용과 김영랑의 시집을 발간했다. 그런데 문제는 이들의 시집에 이어 세 번째로 현구의 시집을 발간하려고 했었다는 사실이다. 이에 대한 기록은 그의 유고시집 뒷 부분에 쓰여있는 동생 炫奭씨의 회고의 글에 잘 나타나 있다.

> 龍兒先生은 …중략… 詩集發刊을 서둘러 당시 高踏的인 詩人이라고 評을 받았던 芝蓉 永郎 玄鳩 등으로 차례를 定했으나 不幸하게도 그 뜻을 이루지 못하고 臥病으로 治病차 日本 東京으로 가시던 길에 그만 幽明을 달리하셨으니 千秋의 恨이요 兄님의 詩가 지금까지 햇빛을 보지 못한 第 一의 原因이었습니다.[9](밑줄 필자)

8) 김현구, 「서문」, 『현구시집』, 문예사, 1970. 11쪽.
9) 김현석, 「兄님! 지금도 강물이 몹시 퍼렇습니다」, 『현구시집』, 173쪽.

위의 내용이 사실이라면 현구의 작품 발표를 맡았고 시집 발간을 기획했던 용아의 와병과 죽음은 이후 현구가 묻혀버리게 되는 결정적인 요인이 된다고 볼 수 있다. 발표한 시의 전부를 용아가 주재했던 문예지에만 국한했던 현구로서는 시집 발간도 내심 시문학사만을 고집했을 것임은 자명하다. 그러나 『정지용시집』(1935. 10.)과 『영랑시집』(1935. 11.)에 이어 그의 시집을 발간키 위해 준비하던 기간 중 용아의 와병에 이은 사망은 더 이상의 시집 발간은 물론 시문학사의 존속마저 불가능하게 만든다. 그래서 현구는 원래의 시집 발간 기회를 불행히도 놓치게 되고, 그의 시를 일찍 세상에 소개하는데 실패한다. 그러나 그는 1941년 다시 소박하게나마 시집을 발간하고자 한다. 앞에서 인용했던 그의 「머리말」은 시집 발간을 전제로 그때 쓰여진 것이다. 하지만 그가 굳이 시집을 비매품으로만 발간하려 함에 따라 출판사측과 타협을 보지 못한다. 그러다가 그가 세상을 떠난 지 20년 후(1970)에야 비로소 그의 유족 등에 의해 유고시집이 발간되기에 이른 것이다. 아무튼 이 유고시집[10]이 결국 고인의 뜻을 좇아 비

10) 유고시집 『현구시집』(1970)이 세상에 나오기 이전에 현구는 세 번의 시집 발간을 시도한 바 있다. 그 첫째는 1935년 경 시문학사에서이며, 둘째는 1941년 광명인쇄공사, 셋째는 해방 후 영랑이 주선한 출판사에서이다. 그리고 유고시집인 『현구시집』은 연구 과정에서 많은 문제점이 발견되었는데, 그 첫째는 원본이 확정되지 않았다는 점이며, 둘째는 창작시기 구분이 되지 않아 시적 변모과정을 살피기 어렵다는 점, 셋째는 표기체계가 엉망이라는 점 등이다. 따라서 필자는 박사학위논문(원광대·1996)에서 문예지에 발표한 12편과 자필 시집 원본에 있는 73편을 합한 85편을 원본으로 최종 확정하였으며, 창작 시기를 전기(1930년-1940년)와 후기(1941년-1950년)로 2분하고 그것들을 다시 형식과 내

매품으로나마 발간되었지만, 지극히 제한된 사람들의 손에만 시집이 건네졌을 뿐 다수의 독자들이 접하지 못함에 따라 여전히 그가 생소한 시인으로 남을 수밖에 없었음은 물론 논의의 대상에서도 제외되어 왔다고 할 수 있다.

셋째, 발표한 작품 편수가 부족하다는 점이다.

전술한 바 있듯이 현구가 공식적으로 문예지에 발표한 시의 편수는 총 12편이다. 같은 기간 동안 영랑이 『시문학』과 『문학』에만 총 37편의 시를 집중적으로 발표한 것과 비교했을 때 이는 3분의 1에 불과하다. 용아는 29편(이 중 11편이 시조임), 지용이 18편(이 중 시문학파로 가담 전 발표한 작품을 재 발표한 것이 많음)이다. 물론 신석정 6편, 허보 9편, 이하윤 2편, 변영로가 1편을 발표한 것에 비하면 결코 적은 양은 아니지만 이들이 이미 시문학파 이외의 문단경력을 가지고 활동하고 있었음을 감안할 때 현구의 발표량은 역시 부족하다고 할 수 있다.

다음으로 시문학파의 일원이었던 현구는 어떻게 동인으로 가담하게 되었고, 어떠한 성분에 속했으며, 그 활동은 어떠하였는지를 살펴보자.

먼저 현구는 어떻게 해서 시문학파의 일원으로 가담하게 되었는가.

용에 따라 전기(60편)·후기(25편)로 분류함으로써 앞으로 현구의 시를 연구하는데 긴요한 이정표를 제시했다. 또한 유고시집 간행 때 현대국어로 바꾸는 과정에서 빚어진 원전의 훼손과 표기체계의 오류 등을 자필 시집 원본과 낱낱이 대조함으로써 바르게 수정하였다.

> 이번에 玄鳩氏의 作品을 처음 실게 된 것은 대단한 깃븜으로 녁입니다.[11] (밑줄 필자)

위의 인용문은 현구의 작품 천거를 알리는 『시문학』 2호의 편집 후기이다. 현구의 동인 가담 경위에 대해서는 용아의 이 편집 후기 외에 어떠한 기록도 찾아볼 수 없다. 또한 동인들이 모두 세상을 뜬 현재의 시점에서는 어떠한 증언도 들을 수 없다. 물론 용아는 처음부터 동인들의 가담 경위를 거의 기록으로 밝히지 않고 있다. 다만 위의 후기로 미루어 볼 때 그의 작품성이 좋고, 시문학파의 문학적 방향을 충족시키는 데 손색이 없다고 인정하여 동인으로 발탁된 것으로 추정될 뿐이다.

『시문학』 동인들은 스스로의 작품들이나 새로 투고된 작품을 『시문학』에 게재에 있어 '수업시 同人의 눈'을 거치거나, 공개된 '編輯同人 會議에서 推薦되는 作品'만을 발표함으로써 작품의 수준이나 예술성 면에서 매우 엄격한 심사과정을 두고 있었다. 현구가 이러한 과정을 거쳐 발탁되었을 것이라는 점에서 일단 그의 시적 자질이 우수하다는 점을 인정할 수 있다. 현구에 대한 원고 청탁은 영랑을 통했으며, 편집 주간으로서의 용아가 현구의 작품에 대해 갖는 신뢰감은 매우 컸던 것으로 보인다. 이 점은 영랑에게 보낸 용아의 편지에서도 충분히 드러난다.

11) ≪시문학≫ 2호 편집후기, 시문학사, 1930. 5. 47쪽.

玄鳩兄 어떻게 지나시는가 佳作이 많이 밀렸을 듯 싶네 나같은 말라붙은 腦와 달라 … 중략… 玄鳩兄은 黃昏의 感覺에 "풀 우에 누어"를 配하고 四行이란 이름 없이 四行 一 二를 加하면 더 어울리지 않을까 會心의 新作이 있으면 勸해서 보내주게 Page를 느려도 좋으니[12](밑줄 필자)

다음으로 시문학파의 일원이었던 현구의 위상을 밝히기 위해 동인 구성의 과정, 동인간의 성분과 활동 상을 객관적 자료를 토대로 분석한 결과 다음과 같은 사실들이 드러났다.

먼저 총 9명의 동인을 문단 경력상 비경력파(김영랑, 박용철, 김현구)와 경력파(정인보, 변영로, 정지용, 이하윤, 신석정, 허 보)로 2분하고, 그 기능상 명분파(정인보, 변영로), 실무파(박용철, 이하윤), 창작파(정지용, 김영랑, 김현구, 신석정, 허 보)로 3분할 수 있으며, 또 그 활동상 적극파(김영랑, 박용철, 이하윤, 김현구)와 비적극파(정인보, 변영로, 정지용, 신석정, 허 보)로 2분할 수 있다.[13]

그리고 비경력파와 경력파 사이에는 활동 면에서 커다란 차이가 드러난다. 즉 전자가 『시문학』 창간을 주도하는 등 애정을 가지고 적극적으로 활동했다는 것이다. 따라서 엄격한 의미에서 볼 때 순수한 시문학파는 김영랑·박용철·김현구뿐이라고 할 수 있다.

---

12) 박용철, 「영랑에게의 편지」 『박용철 전집』 2권, 347쪽 참조.

13) 여기에서 편의상 붙인 성분상의 명칭들은 적절한 것이 아닐 수도 있음을 밝혀 둔다.

그러니까 지금까지 그 이름이 널리 알려져 있지 않던 현구는 시문학파의 동인 중 영랑·용아와 함께 성분상 가장 중요한 위치에 놓일 수 있으며, "가장 순수한 시문학파"[14]의 한 사람이었음이 입증된 셈이다. 이런 점에서 볼 때 지식산업사에서 영랑·용아·현구 세 사람만을 묶어 『한국현대시문학대계·7』[15]을 발간한 것은 의미 있는 기획이라 할 수 있다.

3. 작품세계의 특성 분석

작품 세계의 특성을 소재와 내용 그리고 구조로 3분, 영랑 시와의 대비를 통해 고찰한 결과를 요약하면 다음과 같다.

3.1. 소재적 특성

현구 시의 소재적 특성은 한 마디로 '향토적 자연과 습속'으로 요약될 수 있다. 엄격히 말해서 그의 시는 기행시 8편을 제외한 77편 전체가 고향 강진의 자연풍광과 습속에서 자유롭지 못하다. 이 점은 영랑의 시도 마찬가지다. 현구와 영랑은 시작 생활의 대부분을 향리 강진에서 펼쳤던 만큼 그곳의 '강'과 '바다', '꽃'과

14) 유윤식, 「시문학파 연구」, 한양대 박사학위논문, 1988, 15쪽 참조.

15) 이 책의 해설을 쓴 평론가 김현은 김영랑, 박용철, 김현구 등 세 사람만을 묶어 '강진시파'로 별칭한 바 있다.

'새', '봄', '습속'과 '인정' 등을 주로 시 속에 끌어들이고 있는데, 같은 소재를 취하면서도 그것을 표현하는 데 있어서 서로 많은 차이를 보이고 있다.

먼저 두 사람 공히 '강물'을 소재로 한 시를 시적 출발점으로 삼고 있으나, 현구가 구체적인 자연으로서의 강물이라면 영랑은 내면화되고 추상적인 강물이다. '바다'의 경우도 현구가 고향바다를 자족적인 요람이요 유토피아로 파악하고 있음에 비해, 영랑은 유배의 바다인 그곳을 떨치고 언젠가는 넓은 바다로 나아가고자 하는 대상으로 표현하고 있다.

'꽃'에 있어서 현구는 '할미꽃', '민들레꽃', '땅찔레꽃' 등 주로 소박하고 이름 없는 들꽃들을, 영랑은 '모란', '동백꽃', '복숭아꽃' 등 주로 정원에 핀 화사한 꽃들을 소재로 하고 있는데, 현구의 경우 '사랑꽃', '서름꽃' 등 꽃을 관념화시키는 특이한 이미지를 보여 주고 있다.

'새'에 있어서도 현구가 '산비들기', '갈매기' 등 무리 지어 사는 수수한 새들을, 영랑이 '두견', '꾀꼬리' 등 목소리나 자태가 고운 새들을 각각 자신과 동화시켜 소재로 취하는 특성을 보이고 있다.

'봄'은 두 사람이 사계절 중에서 가장 편애하는 소재다. 현구는 봄의 이미지를 어린이와 어른을 대비시켜 '거륵함'과 '슯흠'의 이미지로 교차시키는 면을 보여 주고 있고, 영랑은 삶의 기대와 상실감을 '5월'과 '모란'에 집중시키고 있다. 그리고 영랑은 현구와는 달리 '가을'을 소재로 한 시도 봄 못지 않게 시적 소재로 즐겨 쓰고 있다.

또한 두 사람의 시에는 향리의 소박한 생활모습과 인정을 그린 시가 많은데, 현구가 대체로 고달프고 서러운 촌민들의 삶과 인정을 구체적으로 보여주고 있다면, 영랑은 현실과는 일정한 거리를 둔 비교적 여유 있거나 소박한 생활습속을 보여주고 있다. 이밖에 현구는 '낙화정', '신학산', '남포', '서문' 등 향리의 구체적인 지명들까지도 소재로 끌어들임으로써 그가 확실한 고집쟁이 향토시인이었음을 입증시켜 주고 있다.

3.2. 내용적 특성

현구 시의 내용적 특성은 한 마디로 '비애와 무상 시학'이라고 할 만하다. 이러한 정서는 영랑의 그것과 거의 일치한다고 볼 수 있으며, 시문학파가 지향한 낭만주의적 순수시의 충실한 구현이라고 평가할 수 있다. 그것은 전기시와 후기시에서 확연한 차이를 보여 준다.

먼저 전기시(1930-1940)는 자연친화와 향토성, 비애의식, 비관적 현실인식과 무욕의 삶으로 요약될 수 있다. 자연을 인위적으로 해석하지 않고 그 자체를 노래하는 현구의 시들은 지극히 밝고 아름답다. 그러나 그것에 현구 자신을 투영시킬 때 비애의식은 싹튼다. 비애의식을 나타내는 시어들을 조사한 결과, 현구는 '외로움'과 '서러움'이 압도적이며, 영랑은 '눈물'이나 '울음'이 많이 쓰이고 있다. 이렇듯 두 사람의 비애의식이 서로 유사하지만 현구가 영랑에 비해 유독 '외로움'과 관련된 시어가 많은 것은 그가 시골에만 묻혀 있었으며, 타협할 줄 모르는 결백한 성격의 소유자이었음을 시사해 준다.

현구의 비애의식은 '봄'의 상실과 '님'의 부재에서 기인한다. '봄'과 '님'은 꿈과 희망 그리고 기다림의 대상이다. 영랑의 비애의식은 사별한 아내에 대한 그리움 또는 '봄'의 무너짐에서 촉발된다. 이들의 비애의식을 촉발시키는 근원은 일제 하라는 현실상황 속에서 개인적인 꿈과 삶의 보람을 상실한 것과 무관하지 않다. 그러나 영랑은 '모란'에 기대어 '봄'을 끝까지 기다리는 자세를 취하고 있으며, 현구는 아무리 기다려도 오지 않을 '님'으로 하여 체념의 자세를 보인다. 결국 현구는 비관적인 현실인식에 이르게 됨으로써 속정의 개입을 불허하고 향리의 자연에 몰입하여 무욕의 삶을 추구하게 된다.

후기시(1941-1950)에 오면서 이들의 시의식은 전기시와는 많이 달라진다. 그것은 인생무상과 죽음의식, 기행시와 국토예찬, 해방의 감격과 우국정신 등으로 요약될 수 있다. 전기시에서 이미 그 싹을 보인 바 있는 현구의 허무와 죽음에 대한 관념은 후기시를 일관되게 지배하는 시의식으로 자리한다. 이 점은 영랑도 마찬가지다. 그러나 죽음을 대하는 시적 자세에서 큰 차이를 보인다. 현구가 죽음을 자연현상의 하나(행려의식)로 담담하게 받아들이는 반면, 영랑은 죽음에 대한 인간적 두려움을 표출시키고 있다. 그리고 그 죽음의식을 촉발시키는 요인 또한 차이가 있는데, 현구가 본질적 요인에 따른 것이라고 한다면, 영랑은 해방기의 외적 요인에 따른 부분이 더 크다.

해방을 맞이하자 이들의 시의식은 전혀 다른 방향으로 전개된다. 마치 새로운 삶이 시작되기나 한 것처럼 그 목소리가 밝고 힘차다. 그러나 여기에서 영랑은 해방을 맞이한 민족이 나아갈 길에 대한 구체적인 대안을 제시하지 못한 채 목소리가 들떠 있는 반면, 현구는 단순한 감정 차원이 아닌 구체적인 대안도 제시하고 있어 차이를 보인다. 그러나 그 감격은 동족간의 비극을 목도하면서 우국의 탄식으로 바뀐다.

3.3. 구조적 특성

지금까지 1930년대 시문학파에 대한 논의나 평가는 그들이 독자적으로 구축해 낸 시의 구조적 특성에 초점을 맞춰 이루어져 왔다고 해도 과언이 아니다. 이는 그들이 시가 언어의 예술이라는 점을 내세워 언어의 조탁과 전통적인 시가 율격에 기초한 시의 음악성 회복에 특별한 관심을 보여 한국어의 시적 아름다움을 극대화하는 데 기여함으로써 한국현대시를 예술의 경지로 끌어올렸다거나 현대적 서정시를 완성했다는 평가일 것이다.[16]

그리고 지금까지 시문학파에 내려진 긍정적 평가에 값하는 사

16) 김재용 외 3인 공저, 『한국근대민족문학사』, 한길사, 1993. 568쪽.

람은 동인 전체가 아닌 김영랑과 정지용 두 사람에 국한하여 왔던 게 사실이다. 특히 김영랑은 이러한 평가의 상당 부분을 차지[17]하고 있다고 할 수 있다. 그러나 한 유파의 문학사적 공과는 마땅히 총체적인 결과에 따라 내려져야 한다. 동인 전체가 아닌 대표적인 몇 사람만으로 국한하여 평가를 내리는 자세는 결코 바람직하지 못하다. 그래서 필자는 같은 시문학파의 한 사람으로 지금까지 묻혀 있었던 현구의 시를 분석하면서 시문학파에 대한 논의가 영랑을 비롯한 몇 사람만으로 국한되어서는 안 된다는 주장을 하게 되었다.

현구 시의 가장 큰 장점은 영랑의 그것처럼 구조적인 특성에 집중되어 있다. 그것은 또한 시문학파의 시사적 업적으로 직결된다. 때로는 어학적인 접근 방법까지를 동원하여 철저하게 분석한 결과를 요약하면 다음과 같다.

먼저 형태이다.

표 1. 현구·영랑 시의 형태적 분류

형 태		4행	4행2연	4행3연	4행4연	4행5연	2행3연	2행4연	2행5연	2행6연	2행8연
편수	현구	16	22		10	1	4	3		1	1
	영랑	28	6	1	2	2		3	2	1	

형 태		2행9연	3행2연	3행4연	3행5연	5행2연	5행4연	5행5연	7행7연	8행4연	혼합	무연	계
편수	현구	3	2	1		1	1				18	1	85
	영랑			2	1			2	1	1	15	19	86

17) 위의 책, 569쪽.

위 표를 비교해 보면 아래와 같은 흥미로운 사실들이 드러난다.

첫째, 4행시와 4행연시를 합한 편수가 각각 49편(현구)과 39편(영랑)이나 된다는 점이다. 이는 전체의 58%와 46%에 해당되는 것으로 두 사람이 모두 4행시 형태를 시적 출발로 삼고 있다는 증거가 된다. 다만 영랑이 4행시가 많은 반면, 현구는 4行聯詩가 상대적으로 많다는 차이가 있다.

둘째, 4행시나 4행연시의 변형이라고 볼 수 있는 2행연, 3행연, 5행연, 7행연, 8행연의 시가 각각 18편(현구)과 13편(영랑)이다. 이를 다시 세분해 보면, 2행연시의 경우 현구가 13편이고 영랑이 6편으로 현구가 배 이상이 많으며, 3행연과 5행연시는 3편과 2편으로 둘 다 같다. 그러나 비교적 긴 형태라고 볼 수 있는 7행연과 8행연시의 경우 현구는 한 편도 없고 영랑만 각각 1편씩 있음을 본다. 이는 두 사람 모두가 4행시의 형태를 기축으로 하고 있으되 그것을 고수하려 했다기보다는 부단히 변형을 시도함으로써 새로운 율격을 창조하려 했음을 보여준다.

셋째, 두 사람의 시를 전기와 후기로 구분하여 살펴보았을 때, 전기에는 주로 4행시를 바탕으로 한 짧은 시형을 추구한 반면, 후기에는 혼합시와 無聯詩를 중심으로 한 다소 길고 산문적인 시형으로 바뀌었음을 알 수 있다. 특히 현구가 초기시를 발표할 당시부터 4행시를 중심으로 한 짧은 시와 다소 긴 자유시형을 병행한 반면, 영랑은 초기에는 거의 4행시형만을 추구하다가 후기에는 완전히 혼합형과 무연시로 바뀌고 있음을 본다. 이는 해방 이후 영랑의 현실참여에 따른 시적 변모로써 그의 시적 기품과 긴장이 이완된 것으로 풀이된다. 한 가지 흥미로운 점은 현구의 경우 무연시가 단 1편[18]으로 영랑의 19편과 좋은 대조가 된다는 것이다. 이는 현구가 끝까지 행과 연의 구분에 각별한 관심을 기울였음을 입증해 주고 있다.[19]

이상으로 볼 때, 현구 시의 형태적 근원은 영랑의 그것처럼 4행시형에 있으며, 행과 연의 구분에 특별한 관심을 두었음을 알 수 있다. 그것은 말할 것도 없이 우리의 전통적인 시가의 율격을 현대적으로 계승·발전시키고 음악성을 고양시키기 위한 노력으로 평가할 수 있다.

그렇다면 실제적으로 현구의 시에 나타난 형태적 특성은 무엇이며 또 그 중요성은 무엇인지를 시 한 편을 예로 들어 구체적으로 살펴보자.

시들픈 꽃잎이 나른다 나른다 / 재운봄 언덕에
오오 벋아 그잔 들으시라 / 보는체 말자

무심한 세월은 흐른다 흐른다 / 아끼는맘 비웃고
오오 젊은이여 어둔한숨 거두우라 / 근심을 잊자

---

18) 그것도 어느 면에서는 14행 2연시로 볼 수 있다.

19) 참고로 현구의 경우 <乙酉年 八月 十五日>이라는 62행의 장시가 1편 있는데, 이 시도 무연시가 아니라 8연으로 쓰여졌다. 그래서 김현은 "현구의 시인다움은, 많은 시인들이 노래한 시적 주제에, 거기에 알맞는 시적 형태를 부여하는 데 있다."고 진단한 바 있다.(김 현, 「찬란한 슬픔의 봄」, 『한국현대시문학대계 7』, 지식산업사, 1981. 참조.)

죽엄길의 상여소리 들린다 들린다 / 어제도 오날도
오오 그대여 서른귀 가리우라 / 드른체 말자

때오면 무덤에 도라갈 이몸도 이몸도 / 외로운 나그네
오오 님아 나를 꺼않어다고 / 슬픔을 잊자

—「無常」 전문. (밑줄 필자)

이 시는 4행 4연시로서 4개의 연이 문맥상으로 각각 4개의 완결된 문장을 이루고 있으며, 각 연이 모두 동사로 끝나고 있다. 그러니까 이 시는 4연이 각각 대등한 문장구조를 이룸으로써 한 연씩 떼어 독립시켜도 4개의 완전한 4행시가 된다. 다만 각 연이 순차적 전개에 따른 의미의 점층 구조를 형성하고 있다. 즉, 1연의 '시들픈 꽃잎', 2연의 '무심한 세월', '3연의 죽엄길의 상여소리', 4연의 '무덤에 도라갈 이몸' 등으로 무상의 느낌이 단계적으로 확대·심화되어 나가는 것이다. 한편, 이 시는 시인의 치밀한 의도 하에 쓰여짐으로써 전체가 하나의 완벽한 리듬의 덩어리를 형성하고 있다고 할 수 있는데, 먼저 율격에 있어서 3·3조 또는 4·4조의 음수율에 각 연마다 4-2-4-2음보의 엄격한 정형률로 되어 있으며, 매 연의 첫 행이 '나른다 나른다', '흐른다 흐른다', '들린다 들린다', '이몸도 이몸도'의 반복과 매 연 3행 첫 구절의 감탄사 '오오'의 반복, 그리고 매 연의 끝도 '말자', '잊자', '말자', '잊자'가 일정하게 반복됨으로써 무상한 시간의 흐름에 대한 율동감을 적절하게 드러내주고 있다. 또한 매 연마다 압운을 형성하고 있는 바, 1연이 '-다, -에, -라, -자', 2연이 '-다, -고, -라, -자', 3연이 '-다, -도, -라, -자', 4연이 '-도, -내, -고, -자'의 각운의 효과를 충분히 살리고 있으며, 유독 'ㄹ'음을 비롯한 'ㄴ, ㅁ, ㅇ' 등의 유성음을 많이 사용함으로써 음악성을 배가하는 '유포니(euphony)'[20]의 효과까지 살리고 있음을 본다.

지금까지 고찰한 바에 따르면, 현구의 시적 형태의 근원은 영랑의 그것처럼 4행시와 그것의 변형에 있음을 알 수 있다. 말하자면 4행연의 형태가 아닌 나머지 시들도 거기에서 파생된 것들이다. 4행시는 짧은 시다. 짧은 시는 운율을 의식한 시다. 시에 있어서 운율을 의식한다는 것은 곧 시의 음악성을 중요시한다는 말이다. 현구는 영랑처럼 순수시 운동을 주창한 시문학파의 문학적 방향에 걸맞게 시의 내용보다 구조에 훨씬 더 관심을 두었던 시인이다. 이는 차트만이 "하나의 율격은 하나의 구조에 대한 記述이다"[21]라고 하였듯이 거의 100%에 이르는 행과 연의 구분이라든지, 음보와 음수율을 중심으로 한 율격(미터), 각운과 반복어, 반복聯句, 그리고 유포니를 중심으로 한 압운(라임) 등으로 나타나고 있다. "이미 만들어진 사실을 취급하고 새것을 꾸며내지 않

---

20) '유포니'란 우리 말로 '활음조'로 번역되고 있으며, 에이브럼즈에 의하면 "달콤하고, 유쾌하고, 음악적인 언어"를 말한다.(M.H. Abrams, *A Glossary of Literary Terms,* Holt, Reinhart and Winston. Inc, 1971, p.56. 참조) "Euphony is language which seems smooth, pleasant, and musical to the ear."

21) Seymour Chatman, *Literary Style*, London and New York : Oxford Univ. Press, 1971. p.208.

는다면 시인이라는 이름을 잃게 된다. 왜냐하면 그는 만드는 자가 아니라 단지 만들어진 것을 암송하는 자이기 때문이다"[22]라고 친티오가 '창조자'로서의 시인의 성격을 밝힌 바처럼 현구는 전통적인 4행시의 정형성에만 관심을 둔 것이 아니라 운율적 언어구조를 추구함으로써 그 나름대로의 독특한 시형을 창조하고 있으며, 전통적 율격의 변형에 의한 자유시형을 아울러 추구하고 있다고 하겠다.

흔히들 김영랑은 정지용과는 달리 시각적, 공간적 언어구조가 아닌 청각적, 운율적 언어구조를 창조함으로써 한국어의 시적 가능성을 시범한 시인[23]이라고 한다. 이는 시문학파의 핵심 멤버인 영랑에게 내려진 적절한 평가이다. 그러나 이러한 평가는 영랑에만 국한하여 내려져서는 안 된다. 영랑과 같은 선상에, 또는 영랑의 바로 뒤에 영랑에 버금가는 평가를 받아야할 현구가 말없이 서 있기 때문이다.

다음은 시어이다. 현구와 영랑의 시에서 가장 많이 눈에 띄는 시어들은 전남방언과 옛 말투들이다. 특히 현구의 경우 영랑에 비해 전남 남부방언적 성격이 더 진하게 나타난 것으로 보아 그 시어의 바탕이 전남 남부방언 즉, 강진방언에 있다고 할 수 있다. 영랑의 경우는 지금까지 알려진 것과는 다르게 전남방언보다는 옛말투의 구사가 더 두드러진다.

---

22) Cinthio, *On the Composition of Romances*, (A.H. Gilbert, op. cit.), p.270. 참조.
23) 유윤식, 앞의 논문, 12쪽.

현구의 시 속에는 전남방언으로 볼 수 있는 시어가 총 77개가 나온다. 그것들을 다시 품사별로 분류하면 명사 30개, 동사 21개, 형용사 9개, 부사 13개 그리고 종결형 어미가 4개이다. 영랑의 경우는 총 68개로서 명사가 20개, 동사가 17개, 형용사가 9개, 부사가 각 10개, 조사가 4개, 그리고 종결형 어미가 8개이다. 특히 '청상(천상)', '사심한', '쎈추', '섬서리발', '까끔', '새다리' 등의 시어들은 전남 남부의 특유한 냄새가 물씬 풍기는 사투리라고 할 수 있다.

그러면 그것들이 갖고 있는 기능이나 효과를 알아보자.

먼저 현구의 '늬', '괴럼', '외롬', '맘', '간대', '한종일', '불든' 등과 영랑의 '맘', '외론', '실타리', '뻭은치야' 등은 음운을 축약시킨 것이며, 현구의 '호리호리', '자꼬', '보드라', '희부얀' 등과 영랑의 '작고', '히부얀' 등은 음성모음을 양성모음화함으로써 밝은 음조의 효과를 노린 것이다. 현구의 '올마다가', '설리', '게울리' 등과 영랑의 '올마오고' 등은 역시 유연성을 위해 밝은 유성음의 방언을 사용한 것이다. 또한 현구의 '딱', '끈치어', '시다끼여' 등이나 영랑의 '깔닙', '쏘', '딱', '쭈무러', '끄득', '쪼여들고' 등은 방언의 경음을 그대로 끌어들인 것이다. 이밖에 현구의 '-갓', '입부게' 등이나 영랑의 '인젠', '땅검이', '-갓', '불르면', '엽태' 등은 음운을 첨가시킨 것들이며, 현구의 '나불니며', '흥그리니', 영랑의 '흥근', '골불은' 등은 음운을 생략하거나 탈락시킨 것들이다.

이렇듯 현구와 영랑의 시 속에 나오는 전남방언들은 대부분 음의 장단과 고저 그리고 강약 등 시의 음악성을 살리는 데 크게 기여하고 있음을 알 수 있다.

영랑의 방언 구사에 대해서 "地方語-全羅道-를 永郎以上으로, 淨化, 詩化해 쓴 詩人은 아직까지 없었다."[24]라든지, "南道方言과 그 抑揚까지 살린듯한 口氣가 또한 永郎의 詩語에서 독특한 면모를 나타내주고 있다"[25]라든지, "南道의 방언들이 갖는 억양이나 향토색을 加味함으로써 詩의 律調를 생동케 하고 있음은 永郎의 특이한 面이며 커다란 공적"[26]이라는 등 이미 많은 평가와 찬사가 내려진 바 있다. 그러나 현구의 시에서도 전남방언이 영랑 못지 않게 구사되고 있다는 사실이 밝혀진 일은 아직 없다. 이제 필자에 의하여 이 점이 구체적으로 밝혀진 이상 시사적으로 영랑에게 내려진 이와 관련된 제반 평가는 현구에게도 공히 내려져야 마땅하다 하겠다.

그리고 현구와 영랑의 시 속에는 각각 70개와 90개의 옛 말투가 나온다. 옛 말투의 사용은 그 당시의 다른 시인들의 시에서도 종종 보이는 것이지만 유독 이들이 즐겨 사용하고 있는 것은 다분히 의도적이라고 할 수 있다. 즉, 민족어를 통해 전통적 정서를 효과적으로 표현해 내기 위함은 물론 시에 있어서 음악성을 최대한 살려내기 위한 시문학파의 문학적 이념의 구현과 합치되는 것이다.

---

24) 이헌구, 「김영랑평전」, 『自由文學』 창간호, 1956. 151쪽.
25) 정한모, 「조밀한 서정의 탄주」, 『文學春秋』 1권 9호, 1964. 12. 258쪽.
26) 김학동, 앞의 책, 36쪽.

옛말투의 사용 효과는 앞에서 살펴본 전남방언의 그것과 비슷하다. 우선 현구의 '하날', '얼골', '아조', '가삼', '아모', '뫼', '자최', '마조', '오날', '하로', '고요하야' 등과 영랑의 '하날', '얼골', '가삼', '아모', '자최', '고만', '나종', '마조', '오날', '하로', '말삼', '모다', 등은 음성모음을 양성모음화시킴으로써 밝은 음조의 효과를 내고 있으며, 현구의 '하오신가', '가오리', '바이' 등과 영랑의 '되오리', '서어로아', '하오련만', '바이' 등은 長音과 아어적 표현 효과를 내기 위해 모음을 첨가한 것들이다. 또한 현구의 '붉었습데', '눈물일레', '쓸쓸타', '그립느냐' 등과 영랑의 '이젓습네', '감기엿대', '몰랏스료만', '멈췄으랴', 등은 短音의 효과를 내기 위해 모음을 탈락 또는 축약시킨 것들이며, 현구의 '따', '버레', '나래', '소색임', '끈단말이', 등이나 영랑의 '따', '나래', '버레', '조히등불', '차운', '너무로구려', '바달러냐' 등도 자음이나 음운을 탈락시키거나 생략한 것들이다. 이와는 반대로 현구의 '향긔롭어', '자랑일다' 등은 자음을 첨가시킨 것들에 속한다.

전남방언이나 고어투의 사용보다 중요한 것은 시인으로서 자기 나름의 독특한 시어를 만들어 쓰는 노력일 것이다. 자기 나름의 언어를 신조하여 쓴다는 것은 매우 어려운 일에 속한다. 그것은 서정주의 표현을 빌면, "우리 말이 고스란히 無視되고 짓밟히던 日政의 植民地時節에 있어서는 밤길에 흘린 좁쌀을 줏어 金剛石을 비져내는 일만큼 어려운 일"[27]이었는지도 모른다.

현구는 85편의 시 속에서 무려 36개의 시어를 나름대로 신조하여 쓰고 있다. 영랑이 86편의 시 속에서 25개의 신조어를 구사하고 있음을 감안한다면 현구의 조어에 대한 관심은 오히려 영랑을 능가하고 있다고 보아도 좋을 것이다. 두 사람의 중복된 신조어는 '날빗'과 '재운'(제운) 2개에 불과하다. 나머지는 모두가 각자 따로 만들어 쓴 시어들이다. 이러한 신조어의 구사는 당시의 상황을 감안할 때 민족어를 갈고 빛내어 그것을 완성시키는 차원에서 매우 소중한 업적임은 물론 우리 국어의 새로운 영역을 확장한 것으로 평가할 수 있다.

특히, 현구의 '얄포시', '시들퍼', '흐들펐노니', '재운', '으리는', '희살부린듯', '스르시' 등과 영랑의 '애끈한', '제운', '호동글', '희미론', '향미론', '토록' 등의 시어들은 우리 국어의 새로운 영역을 확장했다고 보겠다.

그리고 현구의 시어에 있어서 또 하나의 특기할만한 것은 영랑에 비해 감각어의 구사가 두드러진다는 점이다. 이 점은 현구의 시가 영랑의 시에 비해 훨씬 감각적인 요소가 짙다는 말이 된다. 영랑이 주로 청각에 호소하는 성향이라면, 현구는 청각과 시각을 적절하게 배합시킴으로써 보다 공감각적인 성향이 짙다. 그것은 형용사와 부사어, 음성상징어, 접두·접미사, 음의 첨가·축약·생략 그리고 색채어 등의 폭 넓고 다양한 구사에 의해 이루어진다. 유연·소박·정밀성과 명암·거리·비애감각을 효과적으로 나타내주는

---

27) 서정주, 「跋」, 『영랑·용아시선』, 세운문화사, 1970. 239쪽.

형용사와 부사어의 활용, 반복음을 통한 음악적 효과와 시적 생동감을 불어 넣어주는 음성상징어, 섬세한 감각을 드러내주는 접두사 '실-', '은-'과 접미사 '-결', 음의 고저와 장단을 위한 의도적인 음의 첨가·축약·생략 그리고 다양한 색채어의 구사는 어감이나 뉘앙스 그리고 이미지의 창조에 이르기까지 상투적이 아닌 새로운 의미를 갖는다고 할 수 있다.

그러나 현구의 시어에는 단점으로 지적될 수 있는 부분도 있다. 이는 한자 및 외래어가 많다는 점이다. 특히 한자의 남용은 그의 가장 큰 시적 결함으로 꼽을 수 있다. 같은 시문학파였던 지용이나 석정보다는 심하지 않지만 한자와 외래어의 사용을 극도로 자제했던 영랑에 비하면 그 정도가 심하다. 이 점은 현구가 영랑을 뛰어넘을 수 없는 한계라고도 볼 수 있어 아쉬운 부분이다.

4. 맺는말 - 재평가와 시사적 의의

미진하나마 지금까지 현구에 관해 언급한 기존의 글들은 한결같이 그를 중요한 시문학파의 일원으로 높게 평가하고 있으며, 그의 시세계 또한 재조명되어야 한다고 보았다. 이를테면, "우리 시단에 드물게 보는 충실한 뮤-즈의 사도"[28]라든지, "우리 서정시사상 한 그루 아름다운 수목"[29], "문자 그대로 시문학파가 자

28) 이하윤, 「1930年中의 文壇」, 『別乾坤』 5권 11호, 1930. 12. 24-25쪽.

랑해도 좋을만한 멤버"[30], "속정의 개입을 철저히 배제하고 남녘 바다의 온화한 해풍 속에 피어난 서정의 꽃"[31], "시문학파가 지향한 순수서정시의 한 극치"[32], "가장 순수한 시문학파"[33]라는 등의 평가가 그것이다.

이 글을 통하여 드러난 제반 사실을 토대로 그와 그의 시에 대한 재평가와 시사적 의의를 다음과 같이 간추릴 수 있다.

첫째, 현구는 '가장 순수한 시문학파 동인'이었다. 성분상 현구는 김영랑, 박용철과 함께 무명으로 시문학파에 가담하여 오로지 시문학파로서만 그 문학적 활동을 끝마친 유일한 동인이었다. 정인보와 변영로는 실제적인 활동이 거의 없었던 소위 '얼굴마담'이었고, 정지용은 그 당시 명성을 드날리던 모더니틱한 성향이 짙은 시인임은 물론 시문학파로서의 활동이 소극적이었으며, 이하윤은 번역과 실무에만 전념하였다. 신석정과 허보는 나중에 참가하여 그 활동이 미미하였을뿐만 아니라 오히려 다른 잡지나 신문에 작품을 더 많이 발표하였다. 따라서 순수한 시문학파는 김영랑·박용철·김현구만 남는다. 그래서 김현은 이들 셋만을 묶어 '강진시파'[34]로 따로 분류했던 것이다. 그런데 이 중에 박용철은

29) 이하윤, 「한국신시발달의 經路」, 『白民』 21호, 1950. 3. 참조.

30) 김용직, 「시문학파 연구」, 인문연구론집 제 2집, 서강대 인문과학연구소, 1969. 241쪽.

31) 김학동, 앞의 책. 109쪽.

32) 유윤식, 앞의 논문, 1988. 71-73쪽.

33) 유윤식, 위의 논문, 같은 쪽.

34) 김현, 앞의 글, 167쪽.

자신이 순수시운동의 이론적 근거를 마련했음에도 불구하고 창작에 한계를 느껴 비평으로 기울어진다. 따라서 끝까지 시문학파로서 창작에만 전념한 시인은 김영랑과 김현구이다.

둘째, 그는 영랑과 함께 시문학파가 내건 문학적 방향을 시로써 가장 충실하게 구현한 시인이다. 한 유파가 제시한 문학적 방향은 이론적 주장으로만 그치는 것이 아니라 무엇보다도 작품으로써 그것을 구현해내야 그 가치를 인정받는다. 엄격한 의미에서 그 유파가 내세운 문학적 지향점을 작품으로 보여주지 못하거나, 이질성을 띤 작품을 창작할 경우 그 사람을 그 유파의 충실한 동인이라고 보기는 어렵다. 이러한 맥락에서 시문학파가 내세운 문학적 방향이라고 할 수 있는 낭만주의적 순수 서정시의 추구, 예술성과 음악성의 추구, 전통성과 외래성의 조화 추구, 민족어의 완성 추구 등을 가장 충실하게 구현해 냈다고 지금까지 평가받은 사람은 영랑이다. 그런데, 필자는 현구와 영랑의 작품세계를 대비·고찰한 결과 그러한 평가가 영랑 한 사람에게만 집중되어서는 안 된다는 확신을 갖게 되었다. 영랑이 갖고 있는 제반 시적 특성을 현구 또한 공유하고 있음을 확인했기 때문이다. 따라서 시문학파의 문학적 방향의 이론적 근거를 마련한 사람은 박용철이지만 그것을 작품으로써 가장 충실하게 구현해낸 시인은 영랑과 현구였다고 새롭게 평가할 수 있다.

그러면 현구의 시는 시사적으로 어떠한 의의를 갖는가. 위에서 이미 여러 사람들이 밝힌 바 있지만, 역시 현구 시의 시사적 의의는 영랑의 그것과 관련이 깊다. 그것은 다소의 차이는 있겠지만 영랑에게 내려진, 시문학파 이전의 "감정시와 난해한 현대시와의 교량적 시인"[35)]이라든지, "한국의 풍토와 감각, 지방의 언어까지도 이를 청신한 언어 표현으로 시화"[36)]했다든지, "민족적 서정의 확립과 전통시의 계승·발전"[37)]이라든지 하는 시사적 평가들과 거의 일치하고 있다. 여기에 낭만주의적 순수 서정시와 남도적 자연의 서러운 정서를 개척한 향토시인이라는 의의까지를 덧붙일 수 있겠다.

아울러 그의 시적 결함과 한계를 지적하면, 첫째 한자와 외래어의 남용, 둘째 시적 표현의 직설성, 셋째 도피·자족·은일의 소극적 문학 자세로 요약할 수 있다.

지금까지의 결론을 종합해 볼 때, 김현구는 그 동안 문학사에서 소외된 불운한 시인이었지만 총체적인 재조명의 결과 무시할 수 없는 시문학파의 일원이었으며, 시세계 또한 영랑과 견주어 거의 손색이 없는 특성을 지닌 바, 영랑과 같은 선상에서 새로운 시사적 평가를 받아야 마땅하다 할 것이다.

---

35) 서영목, 「한국시 분석의 가능성」, ≪현대문학≫, 1966. 2. 107-126쪽.

36) 김우정, 「한국시인론(5)-김영랑을 위한 노오트」, ≪현대시학≫, 1969. 9. 92-95쪽.

37) 허형만, 「영랑 김윤식 연구」, 성신여대 박사학위 논문, 1993. 54쪽.

김현구 시에 나타난 공간 표상의 변모와 그 의미*

이경수 (중앙대 교수)

1. 서 론

김현구(1904~1950)는 시문학파의 일원으로 김영랑과 함께 활동했으며 김영랑과 시의 형식 및 주제 면에서도 유사성을 보인 시인이다. 현재까지 알려진 바로는 김현구의 시가 지면에서 처음 확인되는 것은 『시문학』 1930년 5월호를 통해서이다. 김현구는 『시문학』 제2호인 1930년 5월호에 「님이여 강물이 몹시도 퍼럿습니다」, 「물우에 뜬 갈매기」, 「寂滅」, 「거룩한 봄과 슯흔 봄」 등 4편의 시를 발표하면서 시단에 나온다. 같은 지면의 편집후기에 "이번에 현구씨의 작품을 처음 싣게 된 것을 대단한 깃븜으로 녁입니다."라는 짧은 언급이 등장하는 것으로 보아 2호부터 시문학파의 일원으로 작품을 발표한 것으로 보인다. 1931년 『시문학』 3호에 「黃昏」 외 3편을 발표한 후, 1934년까지 김현구는 시문학파 시인이었던 박용철이 주재한 『문예월간』과 『문학』지에도 작품을 발표하였다.[1] 김영랑과 동향의 시인이자 먼 조카뻘이기도 했던 김현구는 시문학파 활동을 제외하곤 시단 활동을 하지 않았고, 고향인 강진에 머물며 시를 쓰긴 했지만 생전에 시집을 발간하지도 못했으며, 1950년 한국전쟁 당시 갑자기 세상을 떠나 실질적인 시작 활동 기간도 길지 않았다. 또한 김영랑의 시와 형식이나 주제 면에서 유사하다는 선입견과 생애 및 작품에 대한 자료의 미비는 김현구 시에 대한 연구를 더욱 어렵게 만들었다. 이러한 이유로 김현구 시에 대한 연구는 오랫동안 진척되지 못했다. 김학동에 의해 김현구론이 쓰여졌으며, 김선태에 의해 『김현구시전집』이 간행되고 원본 확정 문제를 비롯해 김현구 시 전반에 대한 연구가 진행된 것이 초창기 연구로선 거의 유일하다 해도 과언이 아니다. 그 밖에 시문학파나 시문학파 동인이었던 김영랑,

---

* 이 글은 2014년 11월 27일 강진 시문학파기념관에서 진행한 특강 원고를 내용을 추가하고 수정·보완하여 『한민족문화연구』 49집(한민족문화학회, 2015. 2. 28, 419~448쪽)에 발표한 논문을 재수록한 것이다.

** 중앙대학교 국어국문학과 교수.

1) 그 목록은 다음과 같다.
「황혼」, 「밤새도록」, 「눈감고 생각하면」, 「哀別」 (以上 『詩文學』 3호, 1931. 10.)
「풀우에 누워서」 (『文藝月刊』 창간호, 1931. 11.)
「내 마음 사는 곧」 (『文學』 창간호, 1931. 11.)
「길」 (『文學』 2호, 1934. 2.)
「山 비둘기 같은」 (『文學』 3호, 1934. 4.)

정지용, 박용철에 대한 연구를 통해 김현구의 시문학파 활동을 짐작해 볼 수 있는 정도이다.[2)]

김현구의 시에 대한 연구들은 대체로 오랫동안 학계에서 소외되어 왔던 김현구 시의 시사적 의미를 밝히는 데 집중되어 있었다. 김현구는 시문학파의 일원이라는 것 외에는 문학사에서 거의 언급조차 되지 못한 시인이었고, 그의 시작품의 전모 또한 전집 발간 이전에는 전혀 수습되지 못했기 때문에[3)] 김현구와 그의 시에 대한 실증적 연구를 진행하고 그의 시에 대한 시사적 평가를 하는 것은 중요한 연구 과제라고 할 수 있다. 하지만 김현구 시에 대한 연구는 늦게 시작된 만큼 다소 과도한 의미 부여와 평가를 낳기도 해서 이에 대한 좀 더 객관적인 평가가 이루어질 필요가 있어 보인다. 또한 그의 초기 시에는 4음보로 된 4행시와 같은 비교적 단순한 시적 형식이 눈에 띄기도 해서 김현구 시에 대한 연구가 다양한 방법론이나 관점에서 이루어지지는 못했다. 김현구의 시에 대해 그 동안 축적된 실증적 연구를 바탕으로 김현구 시

---

2) 최동호(2012), 「시문학파의 문학사적 의미망과 정지용」, 『한국시학연구』 34호, 한국시학회, 277~307쪽.
최동호(2013), 「시문학파와 김현구의 재발견」, 시문학파기념관 학예연구실 편, 『남도의 서정과 상상의 깊이』, 강진군 시문학파기념관, 165~182쪽.

3) 김현구의 첫 시집이 간행된 것은 그의 사후 20년이 지난 1970년에 와서였다. 1970년에 유족들과 '현구기념사업회'가 힘을 합쳐 문예사에서 유고시집인 『현구시집』을 간행하면서 김현구의 시가 일차적으로 수습되었는데, 이 시집은 작품 발표순에 따라 편집하지 않고 형식과 내용 및 독자들의 편의를 고려해 편집 위원들이 임의로 편집한 것이다. 이 시집은 흩어져 있던 김현구 시의 유고들을 정리했다는 데 의미가 있지만, 시집의 편집 체제가 발표순이 아니고, 원본 확정 작업을 거치지 않았으므로 학술적인 자료로서는 다소 아쉬움이 있다.

의 개성과 특징을 다각도로 살펴보고 시문학파 시인의 한 사람이자 1930~1950년까지 활동한 시인으로서 그의 시사적 위치를 재평가하는 연구가 이루어질 필요가 있다.

이 논문에서는 이러한 문제의식 아래 김현구 시에 나타난 공간 표상을 살펴보고 그 의미를 해석해 보고자 한다. 김현구의 시에 자연이 의미 있게 등장한다는 사실에 대해서는 김학동의 선행 연구에서 지적한 바 있고,[4] 김선태는 김현구 시의 소재적 특성을 '향토적 자연과 습속'으로 요약할 수 있다고 보았다.[5] 이후 김선기에 의해 김현구 시의 공간이 고향 강진과 어떤 관계에 놓여 있는지 일부 고찰이 이루어지기도 했다.[6] 전동진은 김현구 시의 장소성을 실제 공간과 문화 공간과 언어 공간으로 나누어 고찰함으로써 김현구 시의 문화사적 가치를 살펴보았다.[7] 그러나 김현구 시의 공간이나 장소에 대한 선행 연구들은 고향인 강진과의 관련 속에서 김현구 시의 공간을 살펴보는 차원에서 더 나아가지는 못했다. 고향 강진에서의 체험이 그의 시적 공간의 형성에 영향을 미쳤을 거라는 전제가 시 분석에 선행되어서 그의 시를 통해 고

---

4) "현구의 시와 향리는 긴밀한 관계로 향리를 둘러싼 자연의 사계에 따른 변화와 소박한 인정풍속 같은 것이 그 초기시의 소재로 되어 있다."
김학동(2005), 「현구 김현구론」, 김선태 편, 『김현구 시 전집』, 태학사, 150쪽.

5) 김선태(2012), 「비애와 무상의 시학-김현구論-」, 시문학파기념관 학예연구실 편, 『시문학파의 표층과 심층』, 강진군 시문학파기념관, 174~195쪽.

6) 김선기(2013), 「김현구의 시문학 공간 고찰」, 시문학파기념관 학예연구실 편, 『남도의 서정과 상상의 깊이』, 강진군 시문학파기념관, 13~34쪽.

7) 전동진(2013), 「김현구 시의 장소성과 문화사적 가치」, 시문학파기념관 학예연구실 편, 『남도의 서정과 상상의 깊이』, 강진군 시문학파기념관, 117~133쪽.

향 강진의 모습을 확인하는 정도에서 논의가 그쳤을 뿐 그의 시적 공간 자체가 지니고 있는 특징이나 미학을 규명하는 데까지 나아가지는 못했다. 따라서 김현구 시의 공간 표상이 그의 시에 구체적으로 어떻게 나타나며 어떤 의미를 지니는지 본격적으로 분석하는 연구가 이루어질 필요가 있다.

이 논문에서는 김현구의 시에서 공간 표상이 전기 시와 후기 시의 경우 다르게 나타난다는 사실에 우선 주목했다. 일반적으로 김현구의 시를 1930년대에 쓰여진 전기 시와 일제 말인 1940년대에서 1950년에 이르는 시기에 쓰여진 후기 시로 나누어 보는데, 그의 시에 나타난 공간 표상을 살펴보면 이러한 구분이 좀 더 선명하게 포착된다. 김현구의 전기 시에서 자연 공간이 반복적으로 출현하는 것에 비해, 후기 시에 오면 죽음에 대한 인식을 드러내는 공간 표상으로 무덤이 자주 출현하며 구체적인 역사적 장소가 의미 있는 공간 표상으로 등장하는데, 이는 전기 시에서는 좀처럼 발견되지 않던 특징들이다. 이 논문에서는 김현구의 시에 나타난 공간 표상을 분석해 봄으로써 김현구 시의 변모를 포착하고자 한다. 그의 시작 활동 기간은 20년 정도에 이르는 짧은 기간이었지만 짧은 시작 활동 기간에서도 의미 있는 변모가 포착된다는 사실을 주목할 필요가 있다. 또한 이러한 변모가 나타나는 원인을 살펴봄으로써 김현구의 시의식을 해석하는 데까지 이를 수 있을 것으로 보인다.

2. 전기 시에 나타난 공간 표상

2.1. 경계를 넘어서는 번짐의 자연 공간 – 강, 바다, 산

김현구의 시 창작 기간은 20년으로 길지 않았고 살아 있을 때 시집을 출간한 것도 아니지만, 짧은 시작 기간과 85편이라는 적은 작품 수에 비해 그의 시에는 비교적 뚜렷한 변모가 나타난다. 이 논문에서는 공간 표상의 차이를 통해 김현구 시의 변모를 살펴보고자 한다. 김현구의 시를 전기 시와 후기 시로 나누고, 전기 시를 1930년부터 광명인쇄공사에서 첫 시집을 출간하려고 시도했던 시기인 1941년 이전에 해당하는 1940년까지로 한정한 연구자는 김선태이다.[8] 이 논문에서는 김현구 시의 창작 시기에 대한 김선태의 구분이 타당하다고 보아, 선행 연구의 관점을 수용해 1930년부터 1940년까지의 시를 전기 시로 보고 1941년부터 1950년까지의 시를 후기 시로 보고자 한다.

1930~1940년에 이르는 김현구의 전기 시에는 강, 바다, 산과 같은 자연 공간이 집중적으로 등장한다. 이러한 자연 공간은 구체적인 지명을 동반하거나 하지 않고 보편적인 공간으로 나타난다. 배재고보에서 수학하거나 일본 유학을 한 시기를 제외하고는 대개 고향인 강진에 머물며 시작 활동을 해 온 김현구의 시에 자

---

8) 김선태(2005), 「김현구 시 연구-김영랑 시와의 대비를 중심으로-」, 김선태 편, 『김현구 시 전집』, 태학사, 240쪽.

주 출현하는 자연 공간은 고향의 산하를 표상한 공간일 가능성이 높지만 그렇다고 해서 그의 이 시기 시에 고향의 지명이 직접적이고 구체적으로 등장하는 것은 아니다.

한숨에도 불녀갈듯 보—하니 떠잇는
은ㅅ빗 아지랑이 깨여흐른 머언 산ㅅ둘네
굽이굽이 노인길은 하얏케 빗납니다
님이여 강물이 몹시도 퍼럿습니다

헤여진 성ㅅ돌에 떨든 해ㅅ살도 사라지고
밤비치 어슴어슴 들우에 깔니여 감니다
홋홋달른 이얼골 식여줄 바람도 업는것을
님이여 가이업는 나의마음을 아르십니까
— 「님이여 강물이 몹시도 퍼럿습니다」(『시문학』 제2호, 1930. 5) 전문

푸른 빛과 흰 빛의 색채 대비가 인상적인 김현구의 대표 시이다. 1연의 1행과 2행에서는 은빛 아지랑이와 산둘레의 푸른 빛이 대비되고, 2행의 산둘레는 다시 3행의 "구비구비" 놓여 하얗게 빛나는 길과 대비되며, 4행에 이르면 하얀 색채 이미지가 퍼런 강물과 다시 대비를 이룬다. 흥미로운 것은 이 두드러진 색채 이미지가 객관적인 자연 묘사에 그치지 않고 그리움이나 사랑 같은 정서를 품으며 한층 더 깊고 선명한 이미지가 된다는 것이다.

4행의 "강물이 몹시도 퍼렀습니다"라는 전언 앞에는 "님이여"라는 호명이 놓이는데, 이렇게 '님'을 호명함으로써 퍼런 강물은 님을 그리워하는 화자의 마음을 투영한 자연물이 된다. 님을 향한 그리움으로 퍼렇게 멍든 화자의 마음을 투영한 객관적 상관물이 퍼런 강물이 되는 것이다. 이렇게 김현구 시에 등장하는 자연은 화자의 마음과 상응하는 추상적이고 정서적인 공간으로 형상화된다.

2연에서도 구체적인 지명을 동반하지는 않지만 자연에 대한 묘사는 꽤 구체적으로 그려진다. 해가 지고 점차 어슴푸레해지는 해질녘의 풍경을 그리고 있는 2연에서도 햇살의 밝은 빛과 밤빛이 대비를 이루고, 이는 다시 3행의 "홋홋" 달아오른 얼굴빛과 대비된다. 흥미로운 것은 마지막 4행에서 이 해질녘의 풍경이 "가이업는 나의마음"과 동일시된다는 것이다. 2행에서 밤빛이 어슴어슴 들 위에 깔려 가는 모습은 해질녘에서 어둑어둑해지는 밤의 시간으로 넘어가는 경계를 연속적인 스펙트럼처럼 보여주는데, 이는 '가이없는 나의 마음'과 상응한다. 끝이 없다는 비유는 뚜렷한 경계를 상정하지 않는 것인데, 경계를 흐리거나 지우는 이러한 상상력은 밤빛이 '어슴어슴'들 위에 깔려 가는 시간의 풍경으로부터 촉발된 것으로 보인다. 김현구의 초기 시에는 경계를 지우며 흐르는 공간의 이미지가 종종 등장하는데 이는 고향의 자연체험으로부터 김현구의 시가 획득한 시적 원천일 가능성이 높아 보인다.

두견이울며 두견이울며
이른봄을 밤새도록 바람이불면
山에는 진달래 꽃이피엿네

어덕에 혼자서 어덕에 혼자서
푸른하날 한업시 바래보다가
나는내서럼의 얼골을 만낫다
— 「밤새도록」(『시문학』 제3호, 1931. 10) 전문

두견이는 한(恨)을 안고 밤새 슬피 운다. 서글픈 두견이 울음소리와 밤새 교감하는 것은 바람이다. 두견이 울음소리와 바람소리가 뒤섞인 이른 봄밤이 지나가면 산에는 진달래꽃이 핀다. 고향 산천의 자연을 통해 김현구 시인은 청각적 감각과 시각적 감각이 어우러진 봄날의 정서를 체득한다. 두견이 울음소리는 진달래꽃의 붉은 빛으로 전환되며 감각의 경계를 넘어선다. 저 자연의 서글픈 아름다움 앞에서 시의 화자는 언덕에 혼자 앉아 푸른 하늘을 한없이 바라보다가 "내서럼의 얼골"을 만난다. 푸른 하늘을 한없이 바라보는 행위는 시간의 경계와 공간의 경계를 동시에 뛰어넘는 행위이다. 고독의 경지에 이른 화자가 시간적·공간적 경계를 뛰어넘으면서 마주하게 되는 것이 자신의 '설움의 얼굴'이라는 것은 의미심장하다. 김현구의 전기 시에서 자연은 구체적 지명으로 그려지기보다는 보편적 자연에 가깝게 그려지며, 그것은 대개 화자의 정서와 공감하며 깊이를 획득한다.

황혼은 근심과 두려움을 내게보냅니다.
성끝에 소새기든 바람도 고요히 자고
이제는 우물애서 물깃는 쇠 고리줄의
처량한 울림도 끄치여 버렷습니다.
이럴때 산ㅅ골의 저녁수풀 속에는
보금자리에 깃드려잇는 어느 잘새가
오날 포수의 모진손ㅅ결에 잡히여
목숨을 빼앗시고 도라오지안는
제 짝을기다리는 슬픔이 잇겟습니다.
집에는 서러우신 늘근 어머니가
모ㅅ마루에 혼자안저 우르시겟습니다.

하늘에는 아즉 별이하나도 보이지안는데
머언산 그림자가 뷘들을 건너
검실검실 무서웁게 달겨듭니다.
어대서인지 길가는 나그내의
한숨쉬이는 소리가 들리는듯해요
아아 우리아이가 잠깨여울지나안을까요?

황혼은 근심과 두려움을 내게보냅니다.
어수룩한 발모습이 소리도업시 거러와
혼자잇는나를 저문들ㅅ길노 불러냇습니다.
나는 으지업는마음으로 그뒤를 따라갓습니다.
알지도못하고 사람ㅅ그림자도 보이지안는

어둑한 어느산밑 뷔인마을을 지나서
모래우에 물ㅅ결 고요이 철석어리는
알수업는 저문 바다ㅅ가로 따라갓습니다.

집에서는 나를부르는 소리도 들리지안코
다맛 희부얀 별이 하나
머리위에 외로히 비최이고잇섯습니다.
나는 으지업는 마음에 그별이 그리워
한갓 우러르고 섯든 동안에
내가 이내 따라오든 그황혼을
밤의 거믄그늘속에 이러바러습니다.
나는갑작히 쓸쓸하고 두려웁고 몸이떨리여
밥분거름을 집으로 도라왓습니다.
아아 황혼은내게 근심과 두려움을 보내고
어대로 자최도업시 어디로 가버렷슬까요?

—「黃昏」(『시문학』 제3호, 1931. 10) 전문

해질녘의 시간에 펼쳐지는 황혼은 화자에게 근심과 두려움을 갖게 한다. 황혼의 시간은 모가 난 마루에 혼자 앉아 우는 “서러우신 늘근 어머니”를 환기하는 시간이기도 하다. 어둠은 시인의 고향에서 ‘하늘에는 아직 별이 하나도 보이지 않는데/머언 산 그림자가 빈들을 건너/검실검실 무서웁게 달겨’드는 것으로 경험되었다. 그것은 두려움의 감정을 형상화한 모습이기도 하지만, 어둠이 시간적·공간적 경계를 넘어서 서서히 번져가는 모습을 형상화한 것이기도 하다. 자연의 경험에서 체득한 시간적·공간적 감각은 김현구의 시에서 자연을 형상화하는 상상력의 원천이 된다. 경계를 넘어 어딘가로 번져가는 시간과 공간에 대한 감각은 홀로 있는 화자가 발견하고 체득한 감각이기도 해서 자연을 노래하는 그의 시에 태생적인 고독감을 동반하기도 한다. 어디선가 들려오는 '길 가는 나그네의 한숨 쉬는 소리'는 바로 시적 화자의 한숨소리였을 것이다. 시적 화자는 황혼을 바라보며 직관적으로 근심과 두려움을 느끼고는 황혼에 이끌려 자신도 모르게 '어둑한 어느 산 밑 빈 마을을 지나서/모래 위에 물결 고요히 철석어리는/알 수 없는 저문 바닷가'로 따라간다. '의지 없는 마음'으로 황혼의 뒤를 따라간 것이라고 화자는 고백한다. 자기도 모르게 화자는 어딘지 알지 못하는, 사람 그림자도 없는 곳으로 와 버렸다. 다만 "희부얀 별이 하나" 머리 위에 외로이 비치고 있었을 뿐이다. 그 별이 그리워 한갓 우러르고 섰던 동안에 그만 어두워져 버린 것이다. 황혼은 이처럼 어둠의 시간으로 향하는 가교 같은 것인데 그것이 사라지고 밤의 시간으로 들어서는 경계는 선명히 나누어지지 않는다. 황혼이 화자에게 근심과 두려움을 보내는 까닭은 결국 황혼이 밤의 시간을 예비하고 있기 때문이다. 황혼의 경험으로부터 체득한 시간 감각과 공간 감각은 김현구의 시에서 경계를 흐리는 번짐의 형태로 자연을 형상화하기에 이른다.

해도 지리한듯
머언 산읏에 파리한 하품을 물고
모기쎄 가느―란소리 설리 앵앵그리면
풀쓧든 황소가 게을리 쇠리를치며
파아란 놀 으느―니 씨여 고요한 드을에
구슬픈 숣ㅅ자락 아슴파라―니 써도는 여름저녁날
쑥풀 야릇한 내음새 슬적 지처오는
시내ㅅ가 보드러운 풀바테 누어
샛얀 하날에 가늘게 피어오르는
나의 한숨이여!

아 ― 나그내길 곤한다리 푸른 풀바테 펼치고
붉게 물드린 저녁구름 고요히 가는길 바라보면
가삼에 발닥거리는 이저근 목숨이
뜬 구름가치 으지업슴 덧업슴!

겨을날에 눈덥혀 야위진 산이야 드을이야
해마다 새봄마저 다시도 푸르건만
외로운 나의삶은 이한날 풀에누어 한숨쉬다가
이모든생각 이고운들빗 다버리고
한번가면 자최도 남지안을 덧업는 나그네숣

아아 읏업는 이생각!
그름ㅅ족가치 헤여질날이 과연 오려나

멀고머언 옛날과 아득히 보이는뒷세상의
긴―ㄴ 세월을 타고흐르는 이긋업는 마음ㅅ결조차
자최도업시 아조 사라지려나 사라지려나
이고운 드을빗을 내눈에서 참으로 빼아서가려나
―「풀우에누어」(『文藝月刊』 제1권 제1호, 1931. 11) 전문

이 시에 그려진 여름 저녁날의 자연 풍경도 고향 강진의 풍경에서 시적 영감을 얻은 것이겠지만 보편적인 우리 시골의 여름 저녁 풍경이라고 봐도 손색이 없다. 길고 지루한 여름날의 해, 모기떼 소리, 황소가 느릿느릿 한가로이 꼬리 치며 풀을 뜯는 모습, 쑥풀의 야릇한 냄새, 시냇가 보드라운 풀밭에 누워 가늘게 한숨 쉬는 시적 화자 등이 모여 이루는 풍경은 여름날 저녁 한가로운 시골 풍경의 보편적 모습을 완성한다. 이 시기 김현구의 시에서는 자연 속에서 고요히 어딘가를 바라보는 화자의 모습이 종종 발견되는데, 이 시에서도 "나그내길 곤한다리 푸른 풀바테 펼치고/붉게 물드린 저녁구름 고요히 가는길 바라보"는 화자가 포착된다. 이때 멍하니 구름을 바라보는 화자는 이 적은 목숨이 '의지없고 덧없다'는 깨달음에 이르게 된다. 그것은 의지 없는 마음으로 황혼의 뒤를 따라가는 「황혼」의 화자를 연상시킨다. 드넓은 자연은 '끝없는 이 생각'을 낳으며 경계를 확장해 가고 그 속에서 화자는 고독한 존재임을 깨닫게 된다. 구체적인 지명을 사용하지 않으며 보편적 자연 풍경을 완성해 가는 김현구의 전기 시에서 '긴 세월을 타고 흐르는 이 끝없는 마음결'은 경계를 넘어 번져가

는 공간의 표상과 긴밀히 관련된다. 이-푸 투안에 따르면 많은 전설과 동화는 "옛날에, 먼 곳에"라는 말로 시작[9]하는데, 이 시에서도 화자의 끝없는 마음결이 향하는 곳은 "멀고머언 옛날"이다. 구체적인 연도나 시기를 명시하지 않는 이런 형식의 시간 표상은 구체적이지 않고 보편적인 자연 공간, 경계를 넘어 번져 가는 공간 표상과 잘 어우러져 사라져가는 것에 대해 화자가 느끼는 안타까움과 그리움의 감정을 증폭시킨다.

「산에 오릅니다」에서도 "가슴속 깊이 파고앉은 우수와 번뇌"를 불어가는 언덕 바람에 떨쳐 버리고 "고요하고 맑은 마음으로/ 산에 올러와 앉"은 화자가 등장한다. 시의 화자는 산에 앉아 보는 人家의 나붓한 지붕들이 "평화스럽고 순해보이기 양의무리와 같"다며 '악마같이 포효하는 엔진의 폭음' 같은 문명의 죄업과 산에서 바라보는 풍경을 대비한다. 이 시를 쓸 무렵 김현구의 시적 주체는 "人間의 거리에" "詛呪와 爭奪의 罪惡"이 있음을 이미 알아버렸지만, 무심히 지껄이는 산새와 친구하고 숲속 樵童의 구슬같이 맑은 노래를 들으며 "萬有의 안윽한품속에 함뿍안끼워 天國을 꿈꾸려고" 산에 올라와 혼자 앉곤 한다고 고백한다. 강, 바다, 산 등의 자연 공간은 김현구의 시에서 구체적인 지명을 동반하지 않고 보편적인 공간으로 그려지는데, 이때 자연 공간은 고독한 화자가 속해 있는 곳이자 바라보는 곳으로 형상화되며 화자의 고독

9) 이-푸 투안, 구동회·심승희 역(2007), 『공간과 장소』, 대윤, 198쪽.

감을 부각시킨다.

2.2. '나그네-시인'의 운명적 공간 — 길

김현구의 시에서 자연 공간과 대면하고 있는 고독한 화자는 종종 길 위에 있는 나그네로 형상화된다. 시인의 표상이기도 한 나그네가 등장하는 김현구의 전기 시에서 자주 나타나는 공간 표상으로 '길'을 눈여겨볼 필요가 있다. 「길」, 「눈감고생각하면」, 「고향길 三千里」, 「씨름꽃」, 「M부인의게」 등에서는 길의 표상이 등장하거나 그 길을 걷는 외로운 나그네의 표상이 등장한다.

> 파란안개 자욱히 덮혀 고요한길
> 나무ㅅ잎 소복싸여 사람기척 업는길
> 아렴풋한 달빛아래 후젓이 조으는길
> 아아 마음속 그윽히 뻐든길 숨어있는길
>
> 날마다 밤마다 때업시 그길우에 노닐며
> 슬퍼하고 기뻐하며 또 눈을감노니
> 기쁨과 슬픔에 때로 맑고 흐리우는
> 넉시만이 다니는길 마음속 빛나는길
> — 「길」(『文學』 제2호, 1934. 2) 전문

「길」에서 화자가 걷는 길은 "파란안개 자욱히 덮혀 고요"하고 나뭇잎이 소복이 쌓여 "사람기척" 없는 길로 그려진다. 그 길은

"아렴풋한 달빛아래 후젓이" 졸고 있다. 김현구의 전기 시에 등장하는 길의 표상은 고요하고 어렴풋한 속성을 지닌 곳으로 그려진다. 이 시기의 자연 공간이 그렇듯이 김현구의 이 시기 시에 등장하는 길 역시 경계가 선명하거나 잘 뻗은 신작로 같은 길은 아니다. 길과 길 아닌 곳이 잘 구별되지 않을 정도로 파란 안개가 자욱하게 덮여 있거나 나뭇잎이 소복이 쌓여서 길의 경계를 덮고 있는 길, 아렴풋한 달빛마저 비춰 호젓하게 졸고 있는 길이 그가 그리는 길의 모습에 가깝다. 그것은 곧 "마음속 그윽히 뻐든길"이자 "숨어있는길"이다. 길을 수식하는 말들로 주로 선택되는 것이 '자욱하다', '고요하다', '아렴풋하다', '후젓하다', '그윽하다' 등임을 눈여겨 볼 필요가 있다. 그 길은 드러나 있지 않고 숨어 있으며, "아렴풋한 달빛아래 후젓이 조으는" 실재하는 길이면서 동시에 "마음속 그윽히" 뻗어 "빛나는" 추상적인 내면의 길이기도 하다.

눈감ㅅ고 생각하면 고향길 三千里
푸른산 구름밧게 머나먼 길이라오
나그네ㅅ길 곤한몸 산기슭에 쉬이면
옷깃스처 가는바람아 내눈물 부치고저
— 「눈감고생각하면」(『詩文學』 제3호, 1931. 10) 전문

『현구시집』을 묶으면서 「고향길 三千里」로 이름이 바뀌는 「눈감고생각하면」에서 "고향길 三千里"는 "푸른산 구름밧게 머나먼

길"로 그려진다. 김현구의 전기 시에서는 시간적 경계뿐만 아니라 공간적 경계도 이처럼 분명하지 않고 흐려져 있다. '푸른 산 구름밖에 머나먼 길'이라는 모호한 표현으로 인해 '三千里' 또한 멀다는 의미의 관용적 표현 이상의 구체적 의미를 지니지 못하게 된다. 길 위에 있는 나그네는 시인의 또 다른 표상이기도 해서 이 시기 김현구 시에 나타나는 길은 대개 '나그네-시인'의 운명적 공간을 표상한다. 나그네로 표상된 시적 화자는 고독한 모습으로 자연과 대면한다. 흥미로운 것은 고향 강진에 주로 머물렀던 김현구 시인의 시에 '나그네'라는 시적 주체가 종종 등장한다는 사실이다. 그의 시에 등장하는 길 위에 서 있는 나그네는 앞서 자연 공간과 대면하는 고독한 화자의 또 다른 표상이라고 볼 수 있다. 그러므로 그는 여행이나 방랑의 길에 오르기보다는 눈 감고 고향 길을 가듯 그리움의 길을 걷는다. 그런 점에서 '나그넷길'은 인생길의 비유에 가깝다. 옷깃 스쳐가는 바람에 부치고자 하는 "내 눈물"은 나그네 길에서 누구나 느끼는 그리움에서 비롯된 것이다. 저 그리움의 자리에 놓이는 것은 시적 화자가 지나온 과거의 시간이다. 그런 까닭에 그는 고향에 머무르면서도 고향을 떠나올 수 있고 떠나온 고향을 그리워할 수도 있다.

그대는 가시엿다,가시엿다,서런맘으로
쓴바귀꽃 노랏게 피인봄날에
그대는 가시엿다,가시엿다,서런맘으로
가여워도 못안을님— 남기여두고

보람업는사랑인들 어이앗가 노으랴만
아여 못견ᄃᆡ일 앞흔마은 니즈려
가여워도 못안을 어린님 남겨두고
ᄯᅥ나신길이야 참아아니 걸닐것을

ᄭᅡᆷ안눈에 물어리여 발길도 고요히
혼자서 아득히 머-ㄴ하날 바ᄅᆡ보든
가엽쓴 그봄은 이어덕에 ᄯᅩ차저와
머언山서 들녀오는 쑥궁새 우름

山서럼을 아뢰이ᄂᆞᆫ 쑥궁새 우름이
드을내ㅅ가 쌍쐴내 눈물이되여
님두고 가는가슴 쎄여질드시
그대는 서런길을 ᄯᅥ나시엿다
—「M夫人의게」(『현구시집』(김선태 편, 『김현구 시 전집』,
태학사, 2005)) 전문

이 시에서 그대가 떠난 "서런길"도 현실의 여행지 같은 것은 아니다. 김영랑의 부인이 세상을 뜬 후 그 슬픔을 노래한 시[10]로 알려진 이 시에서 그대가 떠나신 길도 삶과 죽음의 경계를 넘어간 추상적인 길이다. 그 길이 서러운 길인 까닭은 "님두고 가는" 길이기 때문이다. 15세의 어린 나이에 결혼한 지 1년 반 만에 아

10) 김학동, 앞의 글, 162~163쪽.

름다운 부인과 사별한 영랑을 위로하기 위해 쓰여진 시[11]라는 이 시의 창작 배경을 염두에 두지 않더라도 '님'을 두고 떠나야 했던 그대의 서러움과 아픔은 충분히 전해져 온다. 가여워도 못 안을 어린 님을 남겨두고 '떠나신 길'은 차마 걸음이 떼어지지 않는 길이었을 것이다.

2연까지 화자의 시선은 님을 두고 떠난 '그대'를 향한다. 사랑하는 님을 두고 떠날 수밖에 없었던 그대의 설움과 아픔이 주로 묘사된다. 그런데 3연에 오면 초점이 "혼자서 아득히" 먼 하늘 바라보던 이에게로 옮겨 온다. "혼자서 아득히 머-ㄴ하날 바ᄅᆡ보든"이 수식하는 것은 바로 다음 행에 이어지는 "가엽쓴 그봄"이기도 한데, 그 봄은 이 언덕에 또 찾아오는 존재로 그려진다. 그것은 해마다 어김없이 찾아오는 봄을 가리키는 것이면서 동시에 '그대'를 여읜 후 그대가 떠난 봄이면 언덕에 올라 혼자서 아득히 먼 하늘 바라보던 이를 연상시킨다. 그가 '그대'가 두고 간 '님'임을 짐작하기는 어렵지 않다. "쑥궁새 우름"과 "드을내ㅅ가 쌍찔내 눈물"은 봄이 와도 돌아올 수 없는 그대를 그리워하는 '님'의 울음이자 '山'의 설움이다. 공간과 그 공간에 깃든 주체는 이렇게 하나의 감정을 공유하게 된다. 그 눈물은 또한 님을 두고 떠나면서 '그대'가 흘린 것이기도 하다. 이별의 아픔을 노래한 이 시에서 떠나간 이와 남은 이, 그리고 그들이 그리움을 공유하는 공간

11) 김선태(2005), 앞의 글, 317쪽.

은 하나가 된다. 그것은 길인 동시에 머무르는 자리이며 인생의 길 위에 놓인 '나그네-시인', 즉 김현구의 시적 주체가 운명적으로 마주한 공간이기도 하다.

김현구의 전기 시에서 바다, 강, 산, 길 등은 모두 구체적 장소로서 등장하는 것이 아니라 구체화된 지명이 배제된 보편적이고 추상적인 공간으로 등장해 특정한 이미지나 비유적 의미를 획득한다. 전기 시에 두드러진 자연 공간은 뚜렷한 경계를 지닌 공간이 아니라 경계가 흐려진 번짐의 공간으로 형상화되는데, 이는 고향의 자연이 지닌 특성과 관련 있는 것으로 보인다. 자연 공간은 홀로 있는 화자의 외로움을 부각시키거나 잃어버린 존재들에 대한 그리움을 불러일으키는 공간으로 호명된다. 김현구의 시에서 자연 공간과 대면하고 있는 고독한 화자는 종종 길 위에 있는 나그네로 형상화되는데, 이 시기 김현구 시에 나타나는 길은 대개 '나그네-시인'의 운명적 공간을 표상한다.

3. 후기 시에 나타난 공간 표상

3.1. 죽음에 대한 인식을 보여주는 공간 – 무덤

김현구의 후기 시가 창작된 시기는 1941년에서 1950년에 이르는 시기이다. 1941년은 조선어로 시를 쓰고 발표하는 일이 점점 어려워질 정도로 일제 말의 삼엄함이 극에 달한 시기였고, 1945년에서 1950년 한국전쟁이 일어나기 전까지의 해방기는, 다양한 욕망과 이념이 충돌하는 만큼 혼란스러웠지만 서로 다른 가능성들이 부딪히던 시기였다. 해방기가 지니고 있던 다양한 가능성은, 남북한의 단독 정부 수립으로 인해 이미 어느 정도 예견되어 있었던 한국전쟁을 거치며 사라지고 만다. 한국 현대사에서 가장 파란만장했던 이 시기의 김현구 시에서는 죽음[12]과 나이 듦에 대한 인식이 강하게 드러난다. 김현구의 전기 시에서도 고독한 화자의 모습이나 '나그네-시인'의 운명이 지배적으로 등장했지만, 나이 듦이나 죽음에 대한 인식이 두드러지지는 않았다. 일제 말에서 한국전쟁이 발발한 1950년에 이르는 시기에 김현구의 나이는 사실상 삼십대 중반에서 사십대 중반으로 죽음이나 늙음에 대한 인식을 보여주기에는 다소 이른 시기라고 할 수 있다. 지병이 있었던 것도 아니고 늙음과 죽음에 대해 사유할 만큼 신체적 나이가 노년기에 접어들었다고 볼 수도 없으므로 그의 후기 시에 집중적으로 나타나는 죽음과 늙음에 대한 인식은 더욱 주목해 볼 만한 가치가 있어 보인다. 개인적인 경험에서 이러한 변모의 원인을 추적할 수 없다면 늙음과 죽음에 대한 인식과 성찰이 나타나는 動因은 결국 김현구가 시를 쓰며 살았던 시대적 상황과의 관련 속에서 찾아야 할 것이다. 이 논문에서는 김현구의 후기 시에 늙음과 죽음에 대한 인식이 나타나고 역사적 장소에 대한 성찰이 나타나는 이유를

12) 김현구의 후기 시에서 '죽음'에 대한 인식이 나타난다는 사실에 대해서는 김학동이 선행 연구에서 언급한 바 있다. 김학동, 앞의 글, 179쪽.

일제 말에서 해방기와 전쟁기로 이어지는 급박한 정세 변화라든가 혼란한 정국과 관련지어 이해하고자 한다.

뉘눈살에 시다끼여 그맵시 쓸쓸히
외로운넋 물고오는 검정 비들기
해늙은 느릅나무 가지에 앉어
구구꾸 목노아 슬피우노나

깨우면 꺼저버릴 꿈같은 세상
사랑도 미움도 물우에 거품
그서름 香火처럼 피워지련만
날마다 못잊어 우는비들기

웰트슈매-쓰? 니힐의 속아푼 우름?
알이없고 둘곳없는 저혼잣 서름!
귀먹은 地獄거리 가에앉어서
虛空에 우러데는 외론비들기

높고푸른 하날은 끝없이 멀리개여
太古然한 햇빛만 헛되이 흐르는날
오날도 혼자앉어 슬피울다가
어디론지 간곳몰을 검정비들기

―「검정 비들기」(『현구시집』(김선태 편, 『김현구 시 전집』, 태학사, 2005)) 전문

그의 아호인 ‘현구(玄鳩)’와 같은 의미를 지닌 ‘검정 비둘기’는 일종의 자화상과 같은 의미를 지닌 시라고 볼 수 있다. “해늙은 느릅나무 가지에 앉어/구구꾸 목노아 슬피우”는 검정 비둘기는, 그의 전기 시에 종종 등장하던, 강가나 풀밭, 산꼭대기나 언덕에 홀로 앉아 있는 화자의 모습을 연상시킨다. 그는 “외로운넋 물고 오는 검정 비들기”이다. “사랑도 미움도 물우에 거품” 같은 것이라는 인생의 무상함을 알아버린 화자이지만, “허공에 우러데는” 외로운 비둘기의 설움을 좀처럼 벗어나지 못한다. 시적 화자가 검정 비둘기로부터 자신의 모습을 발견하기 때문일 것이다. 그러므로 그것은 ‘검정’ 비둘기일 수밖에 없다. 이때 ‘검정’은 비둘기의 색채라기보다는 화자의 마음이 투영된 색채 이미지에 가깝다. 날개를 지닌 새이지만 천상에 속하기보다는 도시의 세속에 가까이 있는 것처럼 보이는 비둘기의 모습은, 천상에도 지상에도 온전히 귀속되지 못한 채 외롭고 쓸쓸하게 살아가는 현대 도시인의 표상처럼 보인다. 평화의 상징으로 추앙받던 고귀한 빛깔의 비둘기가 아니라 외롭고 쓸쓸한 내면을 지닌 ‘검정’ 비둘기에 시적 화자는 자신을 동일시한다. 김현구 시가 그리는 비둘기가 ‘검정’ 비둘기일 수밖에 없는 까닭은 바로 여기에 있다. “높고푸른 하날은 끝없이 멀리개여” 있지만 현구의 검정 비둘기는 “어디론지 간곳” 모른다. 자연의 풍경은 여전히 경계 없이 펼쳐져 있지만 김현구의 외로운 시적 주체는 정처를 잃고 인생의 무상함에 젖어든다.

시들픈 꽃잎이 나른다 나른다
재운봄 언덕에
오오 벋아 그잔 들으시라
보는체 말자
무심한 세월은 흐른다 흐른다
아끼는맘 비웃고
오오 젊은이이여 어둔한숨 거두우라
근심을 잊자

죽엄길의 상여소리 들린다 들린다
어제도 오날도
오오 그대여 서른귀 가리우라
드른체 말자

때오면 무덤에 도라갈 이몸도 이몸도
외로운 나그내
오오 님아 나를 껴앉어다고
슬픔을 잊자

— 「無常」(『현구시집』(김선태 편, 『김현구 시 전집』, 태학사, 2005))
전문

시든 꽃잎이 져서 흩날리는 광경을 지켜보며 시의 화자는 흘러가는 "무심한 세월"을 인식한다. 파란만장하게 변해 가는 세월 속에서 부대끼며 상처를 입을 대로 입었을 화자는 "보는체 말자",

"드른체 말자"는 자세로 세월의 무상함을 견디고자 한다. 애걸복걸 연연해하지 않아도 무심한 세월은 흐른다는 것을 시의 화자는 알고 있다. 누구도 피해 갈 수 없는 죽음처럼, "죽엄길의 상여소리"처럼 '나의 의지'와 상관없이 '나의 설움'과도 상관없이 "무심한 세월은 흐른다"는 것을 화자는 깨닫는다. 그러므로 근심을 잊고 슬픔을 잊자고 말한다. 이 시의 정확한 창작 시기는 알 수 없지만, 1941년 광명인쇄공사에서 내려고 했던 시집의 제목이 '無常'이었다는 것으로 보아서는 이 시가 그 시집의 표제시일 가능성이 높아 보인다. 죽음에 대한 인식이나 인생무상에 대한 깨달음이 김현구의 시에 나타나는 것이 대개 후기 시에 와서이므로 이 논문에서도 이 시를 후기 시에 포함해 다루었다. 일제 말을 견디며 자신의 의지와 상관없이 흘러가는 세월 앞에서 "때오면 무덤에 도라갈 이몸도 이몸도/외로운 나그내"임을 깨달은 시의 화자는 인생무상을 노래하며 슬픔을 달랜다.

그 밖에도 「내무덤에 오려거든」, 「산소」 등의 시에서는 '무덤'이라는 장소가 직접 등장해 죽음에 대한 인식을 보여주며, 「立秋」에서는 가을을 "凋落의 붉은喪章 몸에 두르고" 있는 계절로 묘사함으로써 계절 감각을 통해 죽음에 대한 인식을 보여준다. 덧없는 세월이 흐르고 흘러 옛사랑도 나도 늙어 버렸음을 한탄하고 있는 「옛사랑」에서는 "허무러진 객사터 뷘마당 가에서/산비들기 구구 꾸꾸" 울어대는 풍경이 그려진다. 허물어진 객사 터의 텅 빈 마당에서 울어대는 산비둘기의 모습에서는 인생의 무상함을 깨닫고 서러워하는 시적 화자의 모습이 겹쳐진다.

3.2. 구체적 공간으로서의 역사적 장소와 지명-석굴암, 불국사, 부여, 비로봉, 한라산

김현구 후기 시의 공간 표상에서 가장 두드러진 특징은 구체적인 역사적 장소나 지명이 등장한다는 점이다. 김현구의 전기 시에서도 공간 표상은 의미 있게 그려졌지만, 구체적인 지명이 등장하지는 않았다. 강과 바다와 산과 길이 여러 차례 등장했지만 이들 공간은 구체적인 이름을 가진 지명이나 역사적 장소가 아니었다. 이 시기의 시에서는 오히려 그러한 구체성을 덜어냈을 때 얻어지는 보편성을 추구한 것으로 보인다. 그에 비해 후기 시에 오면 구체적인 지명과 역사적 장소가 집중적으로 등장하게 된다. 보편적이고 추상적이었던 공간은 구체적인 이름으로 명명되면서 시적 화자에게 의미 있는 장소가 된다. 이-푸 투안에 따르면 "'공간'은 '장소'보다 추상적이다. 무차별적인 공간에서 출발하여 우리가 공간을 더 잘 알게 되고 공간에 가치를 부여하게 됨에 따라 공간은 장소가 된다."[13] 김현구의 후기 시에서 구체적인 장소에 대한 명명이 등장하면서, 그 장소가 지닌 역사성과 구체성을 확보하게 되었기 때문에 공간은 장소가 된다.

13) 이-푸 투안, 앞의 책, 19쪽.

어히 이리 고요한곳
어히 이리 외로운곳
세상을 쫓겨나온 恨많은 어느 길손
눈물을 뿌리며 이곳 지나가드뇨
東海 푸른물결 무릎아래 넓히깔고
묵묵히 앉은佛像 꼭담은 가슴속에
몇千年 긴세월을 꿈은 향기러우뇨
외롭고 슬픈 얘기 얼마나 숨었느뇨
—「石窟庵」(『현구시집』(김선태 편, 『김현구 시 전집』, 태학사, 2005))
전문

인용한 시의 창작 시기는 정확히 밝혀지지 않았다. 자필 시집인 『현구시집』의 원본에 실려 있는 작품이라는 것 외에 정확한 창작 시기를 추정하기는 어렵다. 다만, 김현구의 전기 시에서는 4음보로 된 시나 한 연이 4행으로 구성된 4연시나 3연시, 4연으로 구성된 4음보 시가 주로 눈에 띄고, 그 형식을 정확히 따르지 않은 경우에도 대체로 정형적인 리듬을 유지하는 형식의 시가 많았던 것으로 보인다. 이로 미루어볼 때 8행으로 이루어진 단연시의 형식을 지니고 있고 4음보를 정확하게 지키고 있지는 않은 것으로 보이는 이 시의 창작 시기는 후기 시에 해당하는 것으로 짐작된다.

인용한 「석굴암」을 비롯해 「불국사」 등은 특정 장소를 기행하고 쓰여진 시들로 보인다. 이 장소들은 통일 신라와 밀접한 관련을 맺고 있는 역사적 장소이기도 하다. 시의 화자는 오늘의 석굴암을 바라보고 있지만 그로부터 "세상을 쫓겨나온 恨많은 어느 길손"이 "눈물을 뿌리며 이곳"을 지나갔던 모습을 보아낸다. 화자 또한 그 길손의 모습과 겹쳐지지만, "몇천년 긴세월" 동안의 "외롭고 슬픈 얘기"를 품고 있는 역사적 장소로 '석굴암'은 호명된다.

겨레의 자랑
造化의 極致
吐含山 한구석에
너는 우리 자랑일다

천하를 호령하든 壯烈한 나라싸움
홀란스런 임금거동 백성의 빛난 풍속
新羅의 옛날꿈은 바람같이 가버리고
너혼자 그文化 자랑스럽다

—「佛國寺」(『현구시집』(김선태 편,『김현구 시 전집』, 태학사, 2005))
전문

불국사를 '너'로 호명하고 있는 이 시에서도 불국사는 "新羅의 옛날꿈"을 품고 있는 역사적 장소로 그려진다. "겨레의 자랑"이자 "우리 자랑"인 불국사는 "造化의 極致"를 보여주는 역사적 장소로서, "바람같이 가버"린 "新羅의 옛날꿈"을 환기하는 장소이자 부끄러운 역사를 지나오면서도 "너혼자" 자랑스러운 "그文化"

를 지켜온 장소이다. 이렇게 역사적 가치가 부여되면서 '불국사'는 장소가 된다. 알라이다 아스만에 따르면, "장소들은 회상을 구체적으로 지상에 위치시키면서 그 회상을 공공히 하고 증거할 뿐 아니라 인공물로 구체화된 개인과 시대 그리고 문화의 다른 것에 비해 비교적 단기적인 기억을 능가하는 지속성을 구현한다."[14)]

옛 유적지를 돌아보며 백제의 역사를 회상하는 시 「夫餘」에서는 백제의 슬픈 역사의 흔적이 사라진 "쓸쓸한 거리"와 "호화"롭고 "찬란"했던 백제의 역사를 대비시킨다. "博物館 陳列場이 追憶을 물었을뿐" 백제의 古都 부여는 이미 황폐한 곳이 되어 버렸다. 박물관에 유폐된 흔적을 돌아보던 시의 화자는 "燦爛한 꿈 자랑스런 扶蘇산 등에올라/百濟 옛하날을 우러러 懷古"한다. 삼천 궁녀가 몸을 던진 낙화암은 "오랜세월 헐지않고 서있는동안" 길이길이 빛나는 "참하고 슬픈傳說"이 되었다. 여기서 이정표에 대한 이-푸 투안의 언급을 상기할 필요가 있다. "이정표는 기념비, 성지, 신성한 전투지 또는 묘지와 같이 '잘 보이고 대중적으로 중요성을 가진다'는 특성이 있다. 이 가시적 기호들은 사람들의 정체감을 드높이는 데 기여한다. 또한 이것들은 장소에 대한 인식과 충성심을 북돋워준다."[15)] 그런 점에서 김현구의 후기 시가 그리는 역사적 장소는 이정표를 가진 고향과 유사한 성격을 지니는

14) 알라이다 아스만, 변학수·백설자·채연숙 역(2003), 『기억의 공간』, 경북대학교 출판부, 392쪽.

15) 이-푸 투안, 앞의 책, 255쪽.

장소로 보인다. 그의 시에서 역사적 장소들은 백제와 통일 신라 등 찬란했던 과거의 역사를 환기하는 장소로서 호명되고, 이 장소들은 우리 민족의 정체성과 자부심을 드높이는 데 기여한다.

「한라산정에서」, 「上八潭」, 「白雲台」, 「毘盧峰」 등은 모두 기행시의 일종이다. 전기 시에서 출현한 '나그네-시인'은 후기 시에 와서 본격적인 기행시를 쓴다. 기행을 통해 화자는 거대한 자연 앞에서 "황홀한 心思"(「上八潭」)라는 숭고 감정을 느끼기도 하고, "嶒崚한 山嶽의 거륵한 抱擁을 몸에느끼여" 자신의 "靈魂안에 흰 촟불을 켜"(「白雲台」)는 경건한 마음을 갖기도 한다. 거대하고 황홀한 자연의 풍경 앞에서 화자는 숭고의 감정과 경외감을 느끼는데, 구체적인 역사적 장소나 지명을 소환함으로써 먼 역사의 시간을 품어 안으면서도 화자의 현실을 환기하는 방향으로 후기 시의 장소성은 기여하게 된다.

4. 결 론

이 논문에서는 『김현구 시 전집』에 수록된 85편의 김현구 시를 대상으로 그의 시에서 공간 표상이 어떻게 나타나고 변모하는지 살펴보았다. 김현구의 시작 활동 기간은 1930년에서 1950년까지의 20년으로 길지 않았음에도 불구하고 공간 표상을 중심으로 살펴봤을 때 그 변모가 확연하게 드러난다.

김현구의 전기 시에서 지배적으로 출현하는 공간은 강, 바다,

산, 길 같은 자연 공간으로, 모두 구체적인 장소로서 등장하는 것이 아니라 구체화된 지명이 배제된 보편적이고 추상적인 공간으로 등장해 특정한 이미지나 비유적 의미를 획득한다. 전기 시에 두드러진 자연 공간은 뚜렷한 경계를 지닌 공간이 아니라 경계가 흐려진 번짐의 공간으로 형상화되는데, 이는 고향의 자연이 지닌 특성과 관련 있는 것으로 보인다. 자연 공간은 홀로 있는 화자의 외로움을 부각시키거나 잃어버린 존재들에 대한 그리움을 불러일으키는 공간으로 호명된다.

후기 시에 와서 김현구는 '죽음'과 '늙음'에 대한 인식을 통해 '인생무상'이라는 깨달음을 얻으면서 공간 표상에도 변화를 보이게 된다. 김현구 후기 시의 공간 표상에서 가장 두드러진 특징은 구체적인 역사적 장소나 지명이 등장한다는 점이다. 전기 시에 등장했던 보편적이고 추상적이었던 공간은 후기 시에 와서 구체적인 이름으로 명명되면서 시적 화자에게 의미 있는 장소가 된다. 김현구의 후기 시에서 구체적인 장소에 대한 명명이 등장하면서, 그 장소가 지닌 역사성과 구체성을 확보하게 되고, 이 역사적 장소들은 민족의 정체성과 자부심을 상징하는 장소로서의 의미를 획득하게 된다. 이 시기에 쓰여진 기행시들에서도 화자는 거대하고 황홀한 자연 앞에서 숭고의 감정을 느끼는데, 구체적인 역사적 장소나 지명을 소환함으로써 먼 역사의 시간을 품어 안으면서도 화자의 현실을 환기하는 방향으로 후기 시의 장소성은 기여하게 되는 것으로 보인다.

■ 참고문헌

• 기본 자료

김선태 편(2005), 『김현구시전집』, 태학사.
『시문학』 2호, 1930.5.
『시문학』 3호, 1931.10.
『文藝月刊』 창간호, 1931.11.
『文學』 창간호, 1931.11.
『文學』 2호, 1934.2.
『문학』 3호, 1934.4.

• 단행본

김선기(2013), 『시문학 공간과 문화콘텐츠』, 전남대학교 출판부.
시문학파기념관 학예연구실 편(2012), 『시문학파의 표층과 심층』, 강진군 시문학파기념관.
시문학파기념관 학예연구실 편(2013), 『남도의 서정과 상상의 깊이』, 강진군 시문학파기념관.
알라이다 아스만, 변학수 · 백설자 · 채연숙 역(2003), 『기억의 공간』, 경북대학교출판부.
이-푸 투안, 구동회 · 심승희 역(2007), 『공간과 장소』, 대윤.

• 논문

김선기(2013), 「김현구의 시문학 공간 고찰」, 시문학파기념관 학예연구실 편, 『남도의 서정과 상상의 깊이』, 강진군 시문학파기념관, 13~34쪽.
김선태(2005), 「김현구 시 연구-김영랑 시와의 대비를 중심으로-」, 김선태 편, 『김현구 시 전집』, 태학사, 209~446쪽.
______(2012), 「비애와 무상의 시학-김현구論-」, 시문학파기념관 학예연구실 편, 『시문학파의 표층과 심층』, 강진군 시문학파기념관, 174~195쪽.

김학동(2005), 「현구 김현구론」, 김선태 편, 『김현구 시 전집』, 태학사, 143～207쪽.

전동진(2013), 「김현구 시의 장소성과 문화사적 가치」, 시문학파기념관 학예연구실 편, 『남도의 서정과 상상의 깊이』, 강진군 시문학파기념관, 117～133쪽.

최동호(2012), 「시문학파의 문학사적 의미망과 정지용」, 『한국시학연구』 34호, 한국시학회, 277～307쪽.

______(2013), 「시문학파와 김현구의 재발견」, 시문학파기념관 학예연구실 편, 『남도의 서정과 상상의 깊이』, 강진군 시문학파기념관, 165～182쪽.

김현구 시의 문학사적 의의에 대하여

임환모 (전남대 교수)

1. 들어가며

김현구의 시에 대한 학계의 관심은 매우 미흡한 편이다. 몇 편의 연구논문에서도 그의 시가 영랑의 시와 함께 순수한 시문학파의 본류에 해당한다는 수준에서 크게 벗어나 있지 않다. 다시 말하면 영랑과 현구의 시만이 순수 시문학파의 에콜과 시정신에 합당하다는 것이다. 영랑의 시 연구와는 달리 현구의 시에 대한 이해와 해석 및 평가는 뒤로 미룬 채 그가 "시문학파가 자랑해도 좋을만한 멤버"[1]였다는 사실만을 부각시키고 있는데, 이것은 시문학파의 주요 동인이었는 것 자체가 곧 시문학파의 문학사적 가

1) 김용직, 「시문학파 연구」, 『인문연구론집』 2집, 서강대학교 인문과학연구소, 1969, 241쪽.

치에 묻어서 그가 훌륭한 시인이라는 당연전제의 오류를 범하고 있는 것이다. 그가 가장 순수한 시문학파의 동인이었다는 사실이 중요한 게 아니라 그의 시가 당시의 다른 시인들의 시와 어떻게 다르고, 그만의 독창성이 어떻게 실현됨으로써 시적 새로움을 보여주었는가를 밝히기 위해서는 우선 현구시에 대한 철저한 분석과 해석 및 평가가 선행되어야 할 것이다. 그런 다음에라야 현구시의 문학사적 의의와 가치를 논할 수 있을 것이기 때문이다.

따라서 이 글은 김현구 시의 문학사적 의의를 밝히기 위한 전제로써 그의 시 속에 실현되어 있는 현구의 모습을 가늠해보고자 한다. 내포작가로서의 현구의 실체를 확인하는 작업은 그의 시가 가지고 있는 텍스트의 힘의 원천, 즉 시의 구성원리와 서술전략을 통한 문학적 형상과 경험의 세계를 밝히는 일이 될 것이다. 더불어 가능하다면 그의 시가 영랑이나 지용의 시적 방법과 어떻게 다른가를 살피고자 한다.

2. 현구시의 지향점

김현구를 포함한 1930년대 시문학파의 서정시는 대부분 "속정의 개입을 철저히 배제하고 남녘바다의 온화한 해풍 속에 피어난 서정의 꽃"[2)]이라고 할 만큼 시적 대상과 시인의 마음이 서로 만

2) 김학동, 「현구 김현구론」, 『한국 현대 시인 연구』, 민음사, 1977, 109쪽.

나는 순간에 공명하면서 마음의 세계를 열어 보여준다. 현구시에서 그 마음의 세계는 '빛나는 설움'이 지배하고 있는 공간이다. 그의 시세계는 영랑이나 지용과 비교했을 때 매우 단조롭기는 하지만 그들과는 다른 독특함이 내재되어 있다. 1930년에 씌어진 「나의 노래는」이라는 시는 그의 시적 태도와 지향점, 그리고 시적 특성이 잘 나타나 있다.

(一)

내노래는
드을에핀 쌍찔내의 눈물갓치
그러케 애틋하고
그향긔는
눈맛고 픠어난 매화꼿갓치
그러케 맑으며
노래의 숨결은
시내ㅅ물갓치
처얼 처얼 흐르다가
산에안저서 우는 쑥궁새처럼
나무가지에 쉬여잇다가
이마를 흘너가는 바람결갓치
간 길도 모르게 사라져바리는
그러케 흔적업는 노래를
나는 부르고 십다.

(二)

내노래는
밋을수업는 시악시 우슴갓치
그러케 것잡을수 업고
그울님은
저녁노을에 써러지는 꼿입갓치
그러케 고요하며
노래의 빗갈은
장밋빗아츰 매친이슬에 눈을써
푸른하날에 번쩍이는 날빗갓치
그러케 빗나다가
산그늘에 저녁빗갈 춤추다 써지드시
보인듯 안보인듯 어릿거리는
그러케 흐림한 노래를
나는 부르고 십다.

―「나의 노래는」 전문

행 가름이 되어 있을지라도 이 시는 전체적으로 두 문장이다. 시인이 바라는 자신의 노래(시)가 어떠했으면 좋겠다는 바람을 진술하고 있음에도 그것은 명료하지 않고 모두 비유적이다. 현구는 자신의 시가 들에 핀 땅찔래꽃의 눈물같이 애틋하면서도 믿을 수 없는 '시악시' 웃음같이 걷잡을 수 없기를 바란다. 시의 향기는 눈 맞고 피어난 매화처럼 맑고, 그 숨결은 시냇물처럼 철철 흐르다가 이마를 스쳐가는 바람처럼 간 곳 모르게 흔적 없이 사라져버리고, 그 울림은 저녁노을에 떨어지는 꽃잎같이 고요하고, 그 빛깔은 장밋빛 아침 푸른 하늘에 번쩍이는 이슬의 날빛같이 찬란하게 빛났다가 저녁노을이 산그늘에 잠겨들면서 보일 듯 안보일 듯 어른거리는 그런 '흐림한' 노래를 부르고 싶어 한다.

현구가 바라는 것은 자신의 시가 울림은 고요하고 잔잔하지만 철철 흐르는 시냇물처럼 역동적이고 아침이슬에 빛나는 '날빛'같이 화려하지만 동시에 이마를 스쳐 흔적 없이 살라지는 바람처럼 미미하고 산그늘에 잠겨드는 저녁빛깔처럼 정태적이면서 고요한 세계를 꿈꾸고 있다. 애틋하면서도 걷잡을 수 없는 이율배반적인 세계는 '눈물'과 '웃음'이 공존하는 마음의 공간이다. 이 '눈물'의 세계와 '웃음'의 세계가 현구시의 두 축인데, 이 양자가 시인의 마음속에서 공명을 이루었을 때 현구시는 빛난다.

이러한 역설의 세계는 다음 시에서도 확인할 수 있다.

웃슥칩고 가슴답답한 재ㅅ빗구름이 흐터져버리여
푸른하날에 비닭이가튼 흰달이 은ㅅ빗 춤을추고
온갓수목의 싹을틔는 미끈한바람이 쏘다져나오면
버드나무 피리ㅅ소리 요란한 봄ㅅ거리우에
발버슨 어린이들이 긴행렬을 시작합니다

가삼에 오즉 생명의물ㅅ결이 넘처흐르는
천진스러운 깃븜과 거륵함과 밝은마음으로

어머니젓가튼 코-러스가 거리에 넘치여감니다

어러는때 어룬들은 산날맹이로 도라가
묵은기억의 서러운 보금자리에 몸을안끼여
일흔사랑과 떠난벗들과 죽은사람을 한탄하는
세월이 가르친 덧업는 근심을 쌋습니다
웃는봄ㅅ빗도 옛서름을 자아내는 물레가됩니다

이어린이의 거륵한봄과 어룬의 슯흔봄이
한날 한곳에 다른 두나라를 세웟습니다
아 – 작약순가치 곱게버러진 어린이의 깃븜이여!
때의물결에 씻기고남은 다맛 슯흠이여!
–「거륵한봄과 슯흔봄」 전문

어린이들에게 봄은 푸른 하늘에 비둘기 같은 흰날이 은빛 춤을 추고, 온갖 수목의 싹을 틔우는 '생명의 물결'이 넘쳐흐르기 때문에 천진스러운 기쁨과 거룩함과 밝은 마음이 넘쳐나는 때(시간)라면, 어른들에게 봄은 묵은 기억의 보금자리에서 잃어버린 사랑과 떠난 벗, 그리고 죽은 사람들을 추억하면서 한탄하기 때문에 오히려 옛 설움을 자아내는 물레의 시간이 된다. 한 날 한 곳에서 느끼는 봄이라도 어린이들의 거룩한 봄의 나라와 어른들의 슬픔의 나라가 공존하는 것이다. 결국 시인에게 봄이란 거룩하고 슬픈 마음의 나라인 것이다. 그러나 이 역설의 세계는 개별 주체로서의 시인에게 마음의 공명을 얻지 못하고 있다. 개인의 실재적 경험의 세계에서 어느 정도 유리되어 다분히 관념적인 사유의 영역에 머물기 때문에 어린이/어른, 기쁨/슬픔, 생명의 물결/옛 설움을 자나내는 물레라는 이분법적 틀에서 벗어나지 못하고 있다. 이 시가 훌륭한 시라고 말하기는 어려울지라도 현구시가 지향하고자 하는 바가 이율배반적인 역설의 세계인 것을 확인하는 데는 부족함이 없다.

결국 현구시는 '때의 물결에 씻기고 남은' 어른들의 슬픔을 '빛나는 설움'으로 형상화하려는 지향성을 지니고 있다고 판단해도 결코 무리가 없을 것이다.

3. 빛나는 설움의 세계

그렇다면 현구시에 자주 나타나는 눈물의 세계가 '빛나는 설움'과 어떤 연관을 맺고 있는가를 살피는 일이 필요하다. 그가 추구하는 '빛나는 설움'은 애틋하면서도 걷잡을 수 없는 세계처럼 다분히 역설적이다.

하날에 쇠북소리 맑고 향기롭게 굴니여가듯
비닭이 하얀털에 도글도글 밋글니는 저녁해ㅅ빗
마음이 비최일듯 환한 꼿닙이 언덕에 고이지고
누리는 지금 빗나는서름에 저지워잇다

『누리의 아름다운 모든것 그빗난목숨 짧아야
서러워하는사람 마음속에 기리 산다고』
때가 나즉한 소리로 노래부르고 지나가며
눈물가치 입부게 달린꽃을 따가버린다

—「寂滅」 전문

이 시는 시인이 언덕 위에서 꽃잎이 떨어지는 순간에 경험한 마음의 공명을 표현하고 있다. 청각/시각/촉각이 뒤섞어 공감각적으로 하늘의 쇠북소리가 밝고 향기롭게 굴러가듯이 저녁 햇빛이 비둘기의 하얀 털에 도글도글 미끌미끌 미끄러지는 시각에 자연의 섭리로서의 때의 물결에 따라 눈물같이 예쁘게 달린 꽃잎이 고이 떨어지는 낙화에서 시인은 '빛나는 설움'을 읽어낸다. 꽃이 피어있는 시간이 짧아야 사람의 마음속에 그 빛나는 목숨의 아름다움이 기리 산다는 인식이 뒷받침되었을 때 온 누리가 시인과 함께 빛나는 설움에 젖어 있을 수 있는 것이다. 이 빛나는 설움이 일체의 번뇌에서 해탈한 불생불멸의 높은 경지인 열반, 즉 '적멸'의 세계이다. 그래서 시의 제목이 '적멸'이다.

이런 불생불멸의 높은 경지인 빛나는 설움의 세계는 시인의 마음속에만 있고 현실과의 통로가 마련되면 과거의 기억이나 가난이 슬픔과 고독을 야기한다. 실제 생활인으로서의 현구는 슬픔에 젖어서 슬피 우는 외로운 검정 비둘기일 뿐이다.

뉘눈살에 시다끼여 그맵시 쓸쓸히
외로운넋 물고오는 검정 비들기
해늙은 느름나무 가지에 앉어
구구꾸 목노아 슬피우노나

깨우면 꺼져버릴 꿈같은 세상
사랑도 미움도 물우에 거품
그서름 香火처럼 피워지련만
날마다 못잊어 우는비들기

웰트슈매—쓰? 니힐의 속아픈 우름?
알이없고 둘곳없는 저혼잣 서름!
귀먹은 地獄거리 가에앉어서
虛空에 우러데는 외론비들기

높고푸른 하날은 끝없이 멀리개여
太古然한 햇빛만 헛되이 흐르는날
오날도 혼자앉어 슬피울다가
어디론지 간곳몰을 검정비들기

—「검정 비들기」 전문

이 시는 현구의 자화상이라고 할만한 시이다. 그가 생전에 검정색 두루마기를 즐겨 입었고[3], 호가 玄鳩(검은 비둘기)인 점으로 보아 자신의 처지를 검정 비둘기에 빗대어 표현한 것임에 틀림이 없다. 누군가의 눈살에 시달리어 그 맵시도 쓸쓸하게 외로운 넋을 물고 늙은 느릅나무 가지에 앉아 날마다 목 놓아 슬피 우는데, 그 슬픔의 원인이 무엇인지는 텍스트에 전혀 나타나지 않는다. 그에게 세상사는 깨면 사라져버릴 꿈같은 남가일몽의 세계이고, 사랑도 미움도 물 위에 뜬 거품 같은 것으로써 모두가 덧없는 허무일 뿐이다. 그런데 그 슬픔이 세계고(世界苦)[4]이거나 염세주의에서 오는 것이라는 데는 의문을 제기한다.[5] 그렇다면 그 누구도 알 수 없고 둘 곳도 없는 자신만의 설움에 젖어서 오늘도 슬피 울기만 하는 시인의 환부는 어디인가?

'내마음'의 세계를 노래한 초기의 시들에는 봄의 기쁨과 상실을 동시에 드러내지만[6] 후기의 시들에서는 인간이 세계에 대한

---

3) 임상호, 「후기」, 『현구시집』, 문예사, 1970, 179쪽 참조.

4) Weltschmerz. 세계고란 낭만주의 시대의 시인들과 관련된 당시에 유행한 우울하고 비관주의적인 분위기를 말한다. 이러한 분위기는 낭만주의를 특징짓는 현상으로 시인들이 세상사가 주체성과 인격의 자유에 대한 권리를 파괴한다고 보고 거기에 적응하길 거부하거나 적응하지 못함으로써 생겨났다. 『브리태니커 백과사전』 참조.

5) 현구 자신이 1941년에 서문을 쓰고 『無常』이라는 제목으로 시집을 광명인쇄공사에서 출간하려고 했다는 점에서 보면 세계고와 니힐리즘의 세계와 완전 무관하다고 보기는 어렵다. 그는 자신을 "때오면 무덤에 도라갈 이몸도 이몸도 / 외로운 나그네"(「무상」)라고 직접 서술하고 있다. 인간사 무상하다는 언급은 여러 시들에 나타난다. 이렇게 느낀 원인이 어디에 있는가를 밝히는 것이 중요하다.

6) 현구에게 봄은 "강물결 환뜻빛나 내눈이 부쉬오/ 머리칼에 희롱하는 바람끝이 간지럽소/ 햇살이 내려와 大地에 소근데면/ 우슴같이 티어오는 아아 봄이여"(「봄(其1)」)에서 확인할 수 있듯이 자연과의 교감에서 오는 마음의 공명이 '간지러움'과 '웃음'을 생성한다. 그러나 봄은 또한 "無常의 슬픈자욱/ 내가슴에 그어놓고// 실바람 스을 슬 따라/ 늬 어디로 가벼렸니"(「봄(其2)」)라고 하여 상

부정적인 인식을 직접 표현하기도 한다. 예를 들면 「이목숨 끈어」에서 인간세상의 죄악을 없앨 수 있다면 자신이 목숨까지 바칠 수 있다는 의지를 보이면서 사랑으로 이 '흐린 세상'을 맑게 하고 눈물로 '더런 세상'을 씻고 싶다는 소망을 드러낸다. 또 「산에 오릅니다」에서는 까막까치도 오직 친화로 때를 지어 노니는 자연의 세계와는 달리 "인간의 거리에는 詛呪와 爭奪의 罪惡"이 넘쳐나는데, 이것은 "惡魔같이 咆哮하는 앤진의 爆音"으로 상징되는 '文明의 罪業'이 빚어낸 현상이기 때문에 시인은 "天國을 꿈꾸려고" 산에 오른다는 자신의 소회를 밝히고 있다.

이 같은 인간의 문명세계에 대한 부정적인 인식은 그의 다른 시에서는 거의 찾아보기 어렵다. 부정적인 현실보다는 오히려 현구 자신의 경험세계와 성격에서 설움과 슬픔이 유래하고 있음을 그의 시에서 유추할 수 있다.

홀아비 시름시절 내어이 니칠니야
탓모를 제심술에 엄풀을 쥐쓰드며
멀정한 잔듸밧을 왼종일 질여놋코
아지랑이 조름에 개을니든 하픔을

쌔질듯 펴진볏태 종달새 발이듸고
오동닙에 청개고리 비마주 소리할적

실의 아픔을 생성하기도 한다.

느티나무 그늘에서 네갈내 그로봐를
긴여름이 저물도록 숫숫내 못차잣내

— 「홀아비시절」 부분

시인은 홀아비 시절을 결코 잊지 못한다. 짝을 찾지 못해서 원인 모를 심술에 애먼 풀을 쥐어뜯고, 멀쩡한 잔디밭을 왼 종일 짓이기며, 봄날 시름에 겨워 게을리 하품이나 하던 홀아비 시절에 대한 기억 자체가 시인을 매우 슬프게 한다. 또 여름날은 쨰질 듯 펴진 볕에 종달새의 발이 데고, 청개구리가 비 맞이 소리로 울어댈 때 날이 저물도록 끝끝내 네 잎 클로버를 찾지 못했다. 그리고 가을날에는 귀뚜라미가 정을 노래하고 수수밭이 성기어지면 마음의 갈피를 잡지 못하고 초여드레 달이 져도 밤거리를 해매였으며, 서릿발 선 보리밭 골이 보글보글 허물어지는 겨울날에는 애틋하고 쓸쓸하게 '홀아비 삣추새'의 노래를 하루 종일 듣고 서 있었다. 사계절 모두 짝 없는 설움에 젖어있던 시절을 잊지 못하는 시인은 「홀아비 서름」이라는 또 다른 시에서 "평생을 장가도 못 갈몸이/ 귀뜨람이처럼 외로워라"고 자신의 신세를 한탄하기도 했다. 홀아비의 설움에서 벗어나서는 가난을 못이기는 아내에게서 서러움을 느꼈다.[7)]

인간사의 부귀영화를 뜬구름처럼 여기면서 자연과의 교감에서

7) "온세상이 부러워하는 부귀와 영화를/ 떠도는 구름같이 여기렸드니/ 그간안 못이기는 안해를 볼때/ 마음은 안쓰러워 눈물고이내" (「貧寒」 전문)

행복을 느끼며 사는 일상에서 그 가난을 힘겨워하는 아내에게 슬픔을 느끼는 것은 어쩌면 당연한 일이었을 것이다. 현구는 가난이나 생활고에서 오는 설움을 시로 쓴 경우는 한 편도 없다. 그만큼 실생활의 경험세계가 시인의 마음의 영역을 비집고 들어오는 경우가 거의 없다는 말이다. 다만 고고한 선비처럼 살고 있는 자신의 처지가 스스로 고독을 자초하고 있는 다음 시에서는 그 가난을 어렴풋이 확인할 수 있다.

붉은환락속에 세월을보내는 無爲의 무리
음란한 사교담 뜻없는 哄笑, 虛飾, 아첨
지저거리는 새때처럼 질탕한 술자리에
나는 남원골 이어사처럼 괄새를 받습니다

무거운짐 등에지고 구슬땀 흘리며
일을해도 일을해도 락이없는 세상을
헐벗고 굶주리며 구박받는 무리들께
나는 글방 손흰 선비처럼 눈치를 받습니다

— 「孤獨」 전문

현구는 질탕한 술자리를 벌이는 가진 자들('無爲의 무리')에게는 업신여겨 하찮게 대접받고, 굶주리는 못가진 자들에게는 눈치를 받는 독특한 신분상의 처지에 놓여 있다. 음란한 사교담의 질펀한 웃음과 꾸밈과 아첨이 난무하는 질탕한 술자리에서 현구는,

『춘향전』의 이도령이 거지처럼 얻어먹듯이, 돈을 낼 수 있는 처지가 아니었기 때문에 괄시를 받는다. 또한 '헐벗고 굶주리며 구박받는 무리들'에게는 노동하지 않고 선비처럼 살기 때문에 역시 눈치를 받는다. 가진 자와 못가진 자 모두에게 괄시와 눈치를 받는 시인의 처지는 다분히 역설적인 상황이다. 이 양자 어디에도 끼지 못하는 현구의 고독은 어쩌면 그의 성격에서 연유한 것일 터이다.[8] 괄시와 눈치를 받는 현실이 시인에게는 슬픈 것이 아니라 오히려 거기에서 오는 고독이 그의 자존감을 높이고 있다고 보아야 할 것이다. 그래서 밤낮없이 "기쁨과 슬픔에 때로 맑고 흐리우는/ 넉시만이 다니는 길 마음속 빛나는 길"(「길」)을 거닐면서 고독하게 지내는 것이다. '마음속 빛나는 길'을 거닐면서 고독을 즐기는 것은 곧 시인이 현실의 비애를 극복하는 삶의 방식이었다.

4. 순간의 미학

그렇다면 현구에게 '마음속 빛나는 길'은 무엇일까? 그 길은 실재의 공간이 아니라 대상과 시인이 만나 공명함으로써 만들어지는 상상의 세계이다. 이것이 곧 시인의 마음이 사는 곳일 터이다.

---

8) 차부진의 회상에 의하면 김현구 시인은 "고독을 즐기는 사람. 감상적이며 폭발적인 성격의 소유자. 세속의 서러움을 혼자 걸머지고 울고 웃는 사람. 또 유달리 어머니를 그리워하면서도 쉽사리 남에게 정을 주지 않는 사람. 고집이 유달리 세면서도 막걸리 자리에서는 폭소의 주연자."였다고 한다. 차부진, 「내가 아는 현구 시인」, 『현구시집』, 170쪽.

유리ㅅ빗 바람이 소올소올 부러오고
실조름가튼 아지랑이 서리여있는
그밧게 향기로운 바다가 넘실거리고
내마음 늘 사심한 섬둘레 힌모래를
푸른물결이 끄닐새업시 씻고있다.

발근날빛에 바다가 은ㅅ결가치 반짜기고
머언곧 하날이 나직히 내려와 속살대며
사랑어우르는 갈매기떼 어지러히 흐터나르고
춤추는 물결에 은비늘고기 꼬리처 굼실거리며
물새와 고기들이 서로 즐기는 곧

그곧에 푸른빗 기쁨이 꼿머그머 있느니
그곧에 빗나는 보람이 멀리 얼신거리느니
슬픔이 거리에 뜨고 한숨소리 집마다 노플때
넉시는 괴로운 가슴과 수심에저즌 잠ㅅ자리를 고이떠나
새 나르듯 근심마음을 포르르 나라너머서
늘봄의 물결사이에 기쁨을 노래하느니

江南제비 도라오는길 아득한 바다
그곧이 내마음 사라있는 곧
파초열매 무르노근 향기가 가득 떠돌고
닭알처럼 히고 예쁜배가 날마다 돗달고가며
새노래와 고기뛰염 끄니지않는 바다물결에

내마음은 물오리가치 잠방그리고 있다.

―「내마음 사는 곧」 전문

단독자로서의 시인 자신이 느끼는 슬픔이라기보다는 세계고에 가까운 슬픔이 거리에 뜨고 한숨소리가 집마다 높을 때 시인의 넋은 괴로운 가슴과 수심에 젖은 잠자리를 고이 떠나 새가 나르듯 '근심마음'을 포르르 날아 넘어서 늘봄의 물결사이에 기쁨을 노래한다. 푸른 빛 기쁨이 꽃 머금어 있고 빛나는 보람이 멀리 얼씬거리는 곳은 시인의 마음이 사는 강진 앞바다일 것이다. 그곳은 밝은 날빛이 은결같이 반짝이고, 하늘이 나직이 내려와 속살대며, 춤추는 물결에 은비늘 물고기가 꼬리쳐 굼실거리고, 물새와 물고기들이 서로 즐기는 곳이다. 무르익은 파초열매의 향기가 가득 떠돌고, 달걀처럼 희고 예쁜 배가 날마다 돛 달고 오가고, 새의 노랫소리와 물고기 뜀이 끊이지 않는 바닷물결에 시인의 마음은 물오리같이 잠방거리고 있다. 시인이 강진 앞바다와 만나 공명하는 그곳은 아름다움의 세계로서의 이상향이라고 할만하다.

같은 이상향을 노래한 정지용의 「향수」(1927)에도 "옛이야기 지줄대는 실개천이 회돌아 나가고,/ 얼룩백이 황소가/ 애설피 금빛 게으른 울음을 우는 곳"으로써 이상적인 공간이 창조되지만, 그곳은 "엷은 졸음에 겨운 늙으신 아버지가/ 짚벼개를 돋아 고이시던 곳"이면서 "사철 발벗은 아해가/ 따가운 햇살을 등에 지고 이삭 줍던 곳"이며, 자신의 어린 시절 "함부로 쏜 화살을 찾으려/

풀섶 이슬에 함추름 휘적시던 곳"이자 "흐릿한 불빛에 돌아 앉어 도란도란거리는 곳"으로써 시인의 유년 체험이 녹아 있는 이상향의 고향이다. 그런데 현구의 마음이 사는 곳에는 시인의 경험적인 세계가 전혀 들어 있지 않다. 그가 창조한 이상향은 경험의 세계에서 멀리 물러나 있는 마음속의 관념적인 공간이다. 그것은 자연이 인간화되고 관념화된 조선시대의 강호가도 시가처럼 자연을 시인의 마음속에 끌어들여 그것을 인격화하는 동화(assimilation)와 자연 속에 자신을 상상적으로 투여하는 투사(project)의 원리가 작동하여 만들어진 강진 남녘 바다의 관념적인 이상향이다. 기억을 통한 경험의 현상학적 도래라기보다는 이러한 낭만적 자연관에 입각해서 시적 대상과 시인이 만나서 만들어 낸 순간적 공명의 세계가 현구의 시적 특성이라고 할만하다.

현구시에 빛나는 '순간'을 노래한 시들이 많은 것도 이런 이유 때문이다. 시인의 아니마라고 할 수 있는 어릴 적 꿈의 모습인 '요정'이나 작은 '유령'이 자신 앞에 언뜻 왔다가 사라져버리는 그 빛나는 순간을 그리고 있는 「순간」이나 「妖精」 등은 순간의 아름다음을 형상화하고 있는 현구시의 특징을 잘 보여준다.

현구가 물오리같이 그 순간의 아름다움에서 잠방거리는 일은 곧 밤낮없이 "마음속 빛나는 길"을 노니는 일에 다름 아니다. 현구에게 넋이 기쁨을 노래하도록 하는 일은 마음의 공명을 통해 현실의 비애를 극복하는 방식이다. 이것이 시를 쓰는 행위로서의 황홀이다.

햇발속에 우슴짓는 고운꽃송이
그늘을 숨어흐르는 향기와같이
달빛에 흐릿한 은노을 사이로
노래의 마음이 나른다 춤춘다

느티나무 욱어진 푸른가지 사이로
노래하며 나라드는 꾀꼬리같이
이슬끝에 소근거린 달빛속으로
내넋이 스미여든다 녹아흐른다

—「恍惚」 전문

햇발 속에 웃음 짓는 고운 꽃송이의 향기가 그늘 밑으로 숨어 흐르듯이 달빛의 흐릿한 은빛 노을 사이로 시인의 노래하는 마음이 날면서 춤을 춘다. 현구의 마음이 바다위의 황홀한 달빛을 따라, 꽃향기가 그늘 밑으로 소리 없이 흐르듯이, 그렇게 움직이는데 그것이 곧 시인이 경험한 '황홀'이다. 느티나무 우거진 푸른 가지 사이로 노래하면 날아드는 꾀꼬리같이 이슬 끝에 소곤거리는 달빛 속으로 시인의 넋이 스며들어 녹아 흐른다. 달빛과 시인이 만나는 공명의 순간에 현구의 마음은 기쁨으로 충만하여 춤을 추고, 그의 넋이 위로를 받는다. 자신의 넋을 기쁘게 하는 행위가 곧 시작(詩作)이고, 이런 시를 쓰는 행위에서 황홀을 경험하는 것이다. 그가 '내마음'의 세계에 집착하는 이유가 자신의 넋을 기쁘게 하기 위한 삶의 방편이면서 동시에, 구체적으로 알 수는 없지만, 현실의 비애를 극복하기 위한 노력임에는 틀림이 없다. 그가 천국을 꿈꾸려고 산에 오르는 것도 그 연장선에 있다.

이 「황홀」을 영랑의 「황홀한 달빛」과 비교하면 더욱 현구만의 시적 특징이 잘 드러난다. 두 시의 시작 시기를 밝히는 것은 불가능한 일이나 영랑과 현구는 산위에서 바다에 비취는 달빛의 황홀함을 경험하고 있는 똑같은 시적 상황을 보여준다.

황홀한 달빛
바다는 銀장
천지는 꿈인양
이리 고요하다

불르면 내려올듯
정든 달은
맑고 은은한노래
울려날 듯

저 銀장우에
떠러진단들
달이야 설마
깨어질나고

떨어져보라
저 달이 어서 떨어져라

그 혼란스럼
아름다운 텬동지동

후젓한 三更
산우에 홀히
꿈꾸는 바다
깨울수 없다

— 김영랑의 「황홀한 달빛」 전문

이 시도 낭만적 자연관에 따라 달빛에 충만한 바다의 정경이 한 폭의 동양화처럼 묘사되고 있다. 영랑은 달빛이 반사되는 은빛 바다의 고요함에서 오는 황홀감을 시각과 청각 이미지를 결합하여 공감각적인 심상으로 제시하고 나서, "불르면 내려올듯/ 정뜬 달"이라고 하여 동화의 원리에 따라 달을 인격화하고 있다. '맑고 은은한 노래'가 울려날 듯한 달밤의 고즈넉한 분위기에서 시인은 잔잔한 은빛 바다에 달이 떨어진다고 한들 차마 깨어질 일 없을 터이기에 저 달이 어서 떨어져 천동지동의 혼란스러움을 일으키기를 바란다. 그러나 호젓한 삼경 깊은 밤, 산위에 홀로 달과 바다가 만들어내는 아름다움에 황홀을 경험하면서 꿈꾸는 바다를 차마 깨우지 못한다. 전체적으로 볼 때 이 시는 공감각적 이미지의 활용, 정적 이미지와 동적 이미지의 교차, 그리고 2음보 가락의 율동적인 쾌미음(快美音)을 탄력 있게 조화시킴으로써 달밤의 고즈넉한 분위기와 아름다운 풍광을 효과적으로 보여주는

데 성공하고 있다.[9)]

그런데 영랑이 창조한 시적 세계도 현구와 마찬가지로 자연 그대로의 비정적 타자성과는 거리가 멀다. 영랑은 달빛과 바다를 자신의 마음속으로 끌어와 인격화함으로써 '황홀한 달빛'이 연출하는 고요한 공간에서 맑고 은은한 아름다움을 꿈꾸는 바다가 된 것이다. 그러나 현구는 바다와 이슬을 비추는 달빛을 따라 자신의 마음이 어떻게 변하고 있는가를 예민한 감각으로 포착하고 있다. 그 섬세한 마음의 변화를 형상화하는 데는 현구가 결코 영랑에 못지않다. 이 두 시는 시인과 대상 사이에서 마음의 공명이 이루어지고 난 다음에 그것을 이미지화하는가, 아니면 마음의 공명 과정 그 자체에서 이루어지고 있는 마음의 미묘한 변화를 표현하는가에서 차이가 드러난다.

5. 마무리

지금까지 살펴본 바대로 현구의 시는 기본적으로 땅찔레꽃의 눈물처럼 애틋하면서도 새악시 웃음같이 걷잡을 수 없는 역설적인 세계이다. 눈물과 웃음이 공존하는 마음의 세계가 그것이다. 똑같은 시공간에서 느끼는 봄이라도 그 속에서 기쁨과 생명의 물

9) 임환모, 「남도 순수서정의 세계 - 김영랑론」, 『한국 현대시의 형상성과 풍경의 깊이』, 전남대학교출판부, 2007, 68-68쪽 참조.

결을 보기도 하지만 동시에 옛 설움을 자아내는 물레를 보기도 한다.

모든 것에서 양면성을 확인하는 현구는 꽃이 피고 지는 그 순간에 불생불멸의 높은 경지인 '빛나는 설음'에 경험하지만 생활인으로서는 슬픔에 젖어서 외롭게 울고 있는 검정 비둘기(玄鳩)일 뿐이다. 과거의 기억이나 가난, 또는 자신의 성격이 슬픔과 고독의 원인이기도 하지만 현구는 그것들 속에 '마음속 빛나는 길'을 마련한다. 그래서 그의 시에서 생활인으로서의 현구의 모습을 추론하기는 매우 어렵다.

그는 현실의 비애를 극복하는 삶의 방편으로 시를 썼다. 자신이 시적 대상과 만나는 순간에 경험하는 황홀과 희열을 순간의 아름다움으로 형상화하고 있는데, 그 시적 방식은 영랑처럼 마음의 공명이 끝나고 나서 그것을 한 폭의 동양화처럼 이미지화하는 것이 아니라 마음의 공명과정 그 자체에서 섬세하게 움직이는 마음의 변화를 포착하여 비유적으로 표현하고 있다. 현구가 '내마음'의 세계에서 물오리처럼 잠방거리면서 시를 쓰는 행위 자체가 자신의 넋을 기쁘게 하고 황홀을 경험하는 행위이기 때문에 그에게 시 쓰기는 존재의 이유이자 삶의 탈출구였던 셈이다. 예술시로서의 서정시의 모범을 보여줄 수 있었던 것은 이런 순간의 미학이 구체적인 형상성을 얻었기 때문일 것이다. 그러나 현구의 시세계는 영랑이나 지용처럼 그렇게 다양하지 않다.

■ 참고문헌

김선태, 『김현구 시 전집』, 태학사, 2005.

김선태, 「비애와 무상의 시학 - 김현구론」, 『시문학파의 표층과 심층』, 강진군 시문학기념관, 2012.

김용직, 「시문학파 연구」, 『인문연구론집』 2집, 서강대학교 인문과학연구소, 1969.

김학동, 「현구 김현구론」, 『한국 현대 시인 연구』, 민음사, 1977.

김현구, 『현구시집』, 문예사, 1970.

유윤식, 「시문학파 연구」, 한양대 박사학위논문, 1987.

임환모, 「남도 순수서정의 세계 - 김영랑론」, 『한국 현대시의 형상성과 풍경의 깊이』, 전남대학교출판부, 2007.

정지용, 『정지용전집 1 시』, 민음사, 1988.

시문학파와 김현구의 시세계

최동호 (고려대 교수)

1. 김현구의 시적 출발

김현구(金玄鳩, 1903-1950)는 1930년『시문학』제2호에「님이여 강물이 몹시도 퍼렀습니다」를 발표하여 문단에 등단했지만 시문학파를 주도하거나 다른 문단적 활동을 지속적으로 전개하지 않음으로 인해 문단의 전면에 부각된 시인은 아니다. 특히 그는 1934년 박용철이 주관한『문학』제3호에「산비달기같은」을 발표한 후 외적인 시단활동을 중단하고 향리인 강진에 은둔하면서 자족적인 창작활동을 계속함으로써 문단으로부터 멀어져 갔다. 그의 문단 활동이 매우 짧은 기간이었다는 것과 1936년『정지용시집』과『김영랑시집』을 발간하고 이어 김현구 시집을 출간하려고 했던 박용철이 1938년 타계로 인해 성사되지 못했다는 것이 김현구에 대한 문단적 평가를 부진하게 만들었던 결정적 이유였을 것이다.

이후 1941년 『무상』이라는 제목으로 시집을 발간하려했으나 김현구가 비매품 출간을 고집함으로 인해 실패했으며 그의 시집이 세상에 빛을 본 것은 사후 20년이 지난 1970년이었다. 뒤늦은 전집의 출간은 자신이 활동했던 동시대에 문학적 평가를 득하지 못한 시인에게는 매우 불리한 조건이었다. 물론 시집의 발간 이후 김용직, 김학동 선생의 선구적 업적에 이어 김선태 교수의 『김현구시전집』(2005)이 발간되어 본격적인 조명을 가할 예비적 단계를 마련했으나 이미 문단적 상황은 그의 시를 적극적으로 평가하기에는 너무 격변했다고 하지 않을 수 없다.

이 번 발표를 계기로 필자는 김현구 시를 다시 꼼꼼히 정독해 보았는데 그의 시를 김영랑과 대비시켜 보는 것은 그를 문학적으로 평가하는데 많은 제약을 갖게 하는 것이라는 생각이 들었다. 김현구의 시는 일차적으로 김영랑과 분리시켜 판단할 수는 없다. 지금까지 김현구에 대한 대다수의 연구 업적들 또한 김영랑과의 상관성 속에서 진행된 것도 그러한 이유 때문일 것이다. 그 결과 김영랑의 그늘에 김현구의 시가 가려져 그의 문학적 특징을 객관적으로 평가할 수 없었던 것이다. 필자는 이 글에서 김현구 시 자체의 특징을 먼저 규명해 보고 그의 시를 김영랑과의 상관성에서 바라볼 것이 아니라 그가 강하게 의식했을 것으로 짐작되는 신석정이나 정지용과의 대비를 통해 그의 문학이 지닌 독자성을 밝혀

보고자 하는데 이를 통해 시문학파의 범주도 좀 더 확장시켜 보는 방법을 택하기로 하겠다.

2. 김현구 시가 지닌 문학적 독자성

김현구는 동향 출신이자 인척 관계에 있던 김영랑과 강한 인간적 문학적 연대를 갖고 있지만 그의 자연시풍의 시들은 오히려 신석정과 유사한 어법을 보여주고 있으며 그가 더 크게 의식한 것은 정지용의 시였을 것이라 여겨진다. 그러나 초기 시편에서 그가 4행시를 다수 발표함으로 인해 김영랑의 4행시를 모방한 아류가 아닌가 하는 의구심을 갖게 만들었다. 박용철 또한 김현구에게 4행시가 아닌 시를 주문했다는 것은 4행시가 지닌 형식적 제약을 어떻게 극복하느냐 하는 것이 김현구의 과제였을 것이다. 이러한 형태적 제약을 극복하고 독자적 어법으로 자신의 세계를 보여 준 것은 4행시가 아니라 다음에 인용한 「황혼」과 같은 시이다.

황혼은 근심과 두려움을 내게보냅니다.
성 끝에 소새기든 바람도 고요히 자고
이제는 우물에 물깃는 쇠 고리줄의
처량한 울림도 끄치어 버렷습니다.
이럴때 산ㅅ골의 저녁 수풀 속에는

보금자리에 깃드려잇는 어는 잘새가
오날 포수의 모진손ㅅ결에 잡히어
목숨을 빼앗시고 도라오지안는
제 짝을 기다리는 슬픔이 잇겟습니다.
집에는 서러우신 늘근 어머니가
모ㅅ마루에 혼자안저 우르시겟습니다
……

집에서 나를 부르는 소리도 들리지안코
다맛 희부얀 별이 하나
머리위에 외로인 비최이고잇섯습니다.
나는 의지없는 마음에 그별이 그리워
한갓 우러르고 섯든 동안에
내가 이내 따라오든 그황혼을
밤의 거문그늘속에 이러버러습니다.
나는 갑자기 쓸쓸하고 두려웁고 몸이떨리어
밥분거름을 집으로 도라왓습니다.
아아 황혼은내게 근심과 두려움을 보내고
어대로 자최도업시 가버렷슬까요?

— 「황혼」 처음과 끝 연

「황혼」은 상투적인 4행시를 벗어난 것으로서 32행의 호흡이 긴 장시이다. 시적 서술이 산문적 형태를 취하면서도 섬세한 언어가 밀도 높게 진행되어 마지막 마무리에 이르기까지 무리 없이 전개되고 있다. 황혼이 다가올 무렵의 공포와 두려움을 자연스럽게 서술한 이 시는 신석정의 자연시풍과 유사한 면을 지니고 있는데 의문형 종결 처리에 있어서도 유사한 점이 느껴진다. 자연과 인간의 관계가 시간의 변화 속에서 미묘하게 포착된 이 시에서 화자는 인간의 두려움을 자연에 대한 경외심으로 발전시키고 있다. 이 시에서 화자는 자연을 정복하거나 지배하려는 의지를 보여주는 것이 아니라 자연에 순응하고 하늘의 별에서 의지할 곳 없는 인간의 지향점을 찾아가는 것으로 서술하고 있다. 황혼은 자취도 없이 사라지고 의지할 곳 없는 인간이 지상에 남겨진다면 그 인간은 자연에 대한 경건한 외경을 가지지 않을 수 없을 것이다. 자취 없이 사라진 황혼의 그림자를 찾는 인간은 그 증거로 현실에 남아 있는 자연을 예찬하는 노래를 부를 수밖에 없다.

내노래는
들에 핀 땅찔내의 눈물갓치
그러케 애틋하고
그향긔는
눈맛고 픠어난 매화꽃갓치
그렇게 맑으며
노래의 숨결은
시냇 물갓치
처얼처얼 흐르다가
산에 안저서 우는 쑥궁새처럼

나뭇가지에 쉬여잇다가
이마를 흐러가는 바람결갓치
간 길도 모르게 사라져바리는
그러케 흔적업는 노래를
나는 부르고 싶다

— 「나의 노래는」, (一)

황혼이 흔적 없이 사라지듯이 자연을 노래한 시인의 노래도 흔적 없이 사라질 것이다. 시인이 부르는 노래의 숨결은 자연의 숨결처럼 시냇물같이 흘러가거나 바람결같이 사라지는 것이다. 흔적 없이 자연과 동화되는 것 그것이 김현구가 지향한 시의 방법이며 시의 목표였을 것이다. 동시에 그는 시가 노래라는 사실에 깊이 공명하고 있으며 그 노래가 자연으로부터 와서 자연으로 돌아간다고 생각했기 때문에 흔적 없이 사라지는 노래를 이상적인 목표로 설정했다고 볼 수 있다. 그런데 이 시에서 눈여겨보아야 할 것은 김현구가 그 자신의 시적 상징이라고 할 수 있는 땅찔레꽃을 등장시켜 서두에서 노래하고 있다는 점이다. 땅찔레꽃은 키가 작고 꽃도 작다. 김영랑의 모란에 비해 왜소하고 초라한 꽃이라고 할 수도 있다. 그러나 땅찔레꽃의 눈물처럼 애틋한 노래를 부르겠다는 것이 김현구의 노래이다. 명백히 말하고 있지는 않지만 분명 김영랑의 모란을 의식하고 있었을 것이라 판단된다. 모란은 화려하지만 허무하게 지는 꽃으로 땅찔레와 같은 강인한 생명력은 없다. 김현구는 자신의 노래가 화려한 것을 지향하는 것이 아니라 강인하게 대지에 뿌리박은 땅찔레와 같은 생명력을 지닌 것이 되기를 소망했을 것이라 짐작할 수 있다. 자연 속에서 태어나서 자연으로 돌아간다는 것은 서정시의 근원적인 출발점이며 최종적인 종착점이다. 이에 착안한 것이 김현구이며 그가 「내 마음 사는 곧」이라는 시에서 다음과 같이 노래한 것은 이런 점에서 보자면 아주 자연스러운 일이다.

유리빛 바람이 소올소올 부러오고
실조름가튼 아지랑이 서리여있는
그밧게 향기로운 바다가 넘실거리고
내 마음 늘 사심한 섬둘레 힌모래를
푸른물결이끄닐새업시 씻고있다.

江南제비 도라오는길 아득한 바다
그곧이 내마음사라있는곧
파초열매 푸르노근 향기가 가득 떠돌고
닭알처럼 히고 예쁜배가 날마다 돛달고가며
새노래와 고기뛰어염 끄니지 않는 바닷물결에
내마음은 물오리가치 잠방거리고 있다
— 「내마음 사는 곧」

이 시는 위의 「황혼」이나 「나의 노래는」의 연장선에서 해독되어야 한다. 그가 자연에 뿌리박은 시인이고자 했던 것은 이처럼 아름다운 자연풍광 속에서 그가 살았기 때문이다. 강남제비가 돌아오는 길목에 있는 탐진강 부근의 풍요롭고 아름다운 자연은 그가 자부심을 갖고 살 수 있는 하나의 이상향이기도 하다. 바다물결에 물오리와 같이 잠방거리며 자유롭게 살고 있는 것이 내 마음이 사는 곳이다. 도시와 세속을 떠나 자연과 일체화되어 물고기가 뛰고 물결사이에서 잠방거리는 물오리 같은 기쁨을 노래하는 것이 김현구의 시이며 노래였던 것이다. 자연에서 이상의 세계를 발견하고 그 속에 동화되어 사는 것이 김현구의 꿈이고 이상이었다면 김영랑은 좀 더 현실적이며 언어 미학에 침잠했다고 볼 수 있다. 양자의 이러한 기질적 차이가 광복 후 현실을 대처하는 방법에서 분명히 드러난다. 김현구의 이러한 자연 지향의 대극적인 지점에 1947년에 간행된 오장환의 시집 『나사는 곳』이 있다. 오장환의 병들고 타락한 세계와 김현구의 강남제비가 돌아오는 풍요로운 자연이 대립된다고 하겠다.

그러나 김현구가 아무리 풍요로운 자연 속에서 자신의 이상을 찾는다고 하더라도 현실 속에 있는 그는 고독하고 외로운 존재였다. 특히 경제적 빈곤이 그로 하여금 남들로부터 괄시받도록 만들었던 것이다.

> 붉은환락속에 세월을 보내는 무위의 무리
> 음란한 사교담 뜻없는 홍소,허식,아첨
> 지저거리는 새떼처러 질탕함 술자리에
> 나는 남원의 이어사처럼 괄새를 받습니다

무거운짐 등에지고 구슬땀 흘리며
일을해도 일을해도 락이없는 세상을
헐벗고 굶주리며 구박받는 무리들께
나는 글방 손힌 선비처럼 눈치를 받습니다

― 「고독」, 전문

부를 가진 자들이 무위도식하며 음란한 이야기를 하며 질탕한 술자리를 벌이고 있을 때 괄시받는 화자는 자기 자신을 거지꼴로 술자리에 나타나 괄시받는 춘향전의 이도령과 동일시하여 표현하고 있다. 실생활의 가난을 시의 전면에 드러내지 않는 김현구로서는 이색적인 시라고 할 수 있다. 특히 시의 후반부에 헐벗고 구박받는 사람들로부터도 눈치를 받는다고 표현한 것은 부자나 가난한 사람이나 그 모두로부터 따돌림을 당하고 있다고 말한 것으로 해석되며 이는 가난한 선비 또는 가난한 시인의 처지를 잘 나타낸 것으로 여겨진다. 경제적으로는 가난해도 마음은 풍요롭게 살고자 하는 시인의 삶을 그 누구도 이해해 주지 않는다는 것이다.

3. 김현구 시와 정지용의 시의 비교

1930년 『시문학』 창간 동인이며 문단의 집중적 관심의 대상이었던 정지용을 김현구가 모르고 있었다고 생각할 수 없다. 김영랑과 문학을 논하는 자리에서 그리고 여러 지면에 실리는 지용의 시를 누구보다 깊은 관심을 가지고 있었던 사람 중의 한 사람이 김현구였을 것이다. 김현구의 독자적 개성을 찾아내기 위해서는 그를 김영랑과 비교할 것이 아니라 정지용과 비교해 보는 것도 종전에 시도하지 않은 좋은 방법이 될 것이다. 박용철의 타계 직후 1938년 6-7월경에 정지용은 김영랑을 강진에서 만나 한라산을 등반하게 되는데 이 때 함께 동반한 사람이 김현구이다. 이는 정지용의 산문에서 다음과 같이 입증된다.

> 목포에서 아홉시 반 밤배를 탔습니다.(......)지용! 지용! 올라와! 등대! 등대! 하는 영랑의 소리였습니다.(우리 일행은 영랑과 현구,나 세 사람이었습니다). 한숨에 간판 위에 오르고 보니 갈포 고의가 오동그라질 듯이 신선한 바람이 수태도 부는 것이 아닙니까 정지용전집 2, 민음사, 117쪽.

이렇게 세 시인이 함께 한라산을 등반하고 정지용과 김현구는 한라산 등반 체험을 시로 썼고 김영랑은 한라산 시편을 남기지 못했다.

김현구 사후에 출간된 그의 시집에는 정지용을 의식하고 썼을 것으로 짐작되는 두 편의 시가 있다. 대개 1941년 이후의 작품이라고 하겠는데 시기적으로 보아 정지용의 시집 『백록담』이 1941년에 간행되었다는 점도 고려의 대상이 되어야 할 것이다. 「한라산정에서」와 「毘盧峰」 두 편의 시는 한라산과 백두산을 소재로 한 시인 동시에 정지용을 다분히 의식하면서도 김현구 나름으로 자신의 개성을 보여주는 시이다. 김현구가 이미 1930년대 쓴 작품 중에도 「향수」라는 제목의 시가 있는데 이 또한 양자의 영향관계에 대해 시사적인 측면이 있다. 아마 생전에 이런 시편들을 지면에 발표하지 않은 것으로 보아 그만큼 깊이 감추어져 있는 김현구의 내면이 여기에 담겨 있는 것이 아닌가 한다.

六千五百 피-트의 上空
하늘도 무던 가까운듯
日光은 유달리 휘황하다

萬頃蒼波는 구름으로 삼겠오

柏眞과 躑躅의 臥床에 누어
용구비 구을르는 구름속에서
한가로운 낮잠을 이루다

雜談과 煩惱는 바람에 쌓 보내겠소

이제 狂奔한 都市의 追憶이 그립지않느냐
머얼리 내려다보이는 人間의 거리는
꿈보다 아슬하다

幻想은 天馬에 채찍을 데도좋소

목이 마르거든 白鹿潭으로 내려가지요

— 「한라산정에서」

이 시는 한라산 정상에서 백록담을 굽어보면서 호연지기를 드러낸 작품이다. 구름과 바람에 실려 잡담과 번뇌를 씻어버리고 천마에 채찍을 휘두르는 시적 상상은 통상적인 김현구 시의 상상의 범위를 뛰어넘는 것이다. 첫 구절 '六千五百 피-트'는 정지용의 시 「비로봉」의 '해발 5천피이트'를 연상시키고 제3연의 '柏眞과 躑躅의 臥床에 누어/용구비 구을르는 구름속에서/한가로운 낮잠을 이루다'는 정지용의 시 「백록담」의 구절 '나는 깨다 졸다 기도조차 잊었더니라'에서 느껴지는 한가로움을 생각하게 만든다.

그러나 시상의 전개에서 인간의 거리를 삽입시킴으로 인해 한라산 자체의 핍진한 모습이 약화되는 느낌은 있지만 김현구 나름으로 호연지기를 개성적으로 표현한 작품이라는 점에서 주목할 만한 시이다. 정지용의 시는 한라산과 금강산을 매개로 심화되었는데 김현구의 경우도 한라산 정상과 금강산의 비로봉을 등반하고 크게 확장된다. 안개에 가려 보이지 않던 금강산이 홀연 나타나는 광경을 목격하고 김현구는 다음의 「毘盧峰」을 썼다.

찻집 통나무뺀취에 걸어앉어
가깝한 날씨를 꾸지젓다

철없는 동무는 자꼬 길을 졸르고

나의 마음은 짜잘스러웠다

서운한손 스틱을 끄을며 끄을며
다시오기 어려울 이곳 버리고 가렸드니

문득 안개가 波濤처럼 구을러 간뒤
눈안에 드러오는 恍惚한 風景

오오 찬란한 금강산이 한눈에 보이노나

알롱 달롱 花蛇떼처럼 고운맵시 꾸미고
푸른하날로 기어오르는 봉우리 봉우리

돌산 이마에 펄렁거리는 瀑布는
굽이굽이 산골을 도라 靑龍이 서린다
천선대와 집선봉은 서로 마주 부르고
저기 上八潭이 머얼리 내려앉다

眩惑한 풍경이 달려왔다 물러섰다
가슴에 물결처럼 출렁거린다

너무도 황홀한 이 그림속에
나는 슬픈 傳說은 꿈꿀 수없다

아아 저 안개가 또 모라오는구나

―「毘盧峰」

안개에 가려 아무리 기다려도 보이지 않던 금강산 비로봉 풍경을 보지 못하고 내려가려는 순간 홀연 나타난 금강산의 풍경이 비교적 상세하게 소묘된 이 시를 읽고 있으면 마치 현장에서 금강산을 바라보고 있는 것 같은 느낌을 받는다. 정지용은 두 편의 「비로봉」시를 썼다. 1935년에 간행된 『정지용시집』과 1941년에 간행된 『백록담』에 각 1편의 「비로봉」이 있다. 아마 두 편 모두 금강산을 등반하고 난 다음 썼을 것으로 짐작되는데 그만큼 금강산 비로봉에서 강한 시적 감흥을 받았다는 뜻이기도 할 것이다. 초기의 작품이라고 할 수 있는 『정지용시집』에 수록된 「비로봉」을 인용해 보겠다.

白樺수풀 앙당한 속에
季節이 쪼그리고 있다.

이곳은 肉體없는 寥寂한 饗宴場
이마에 시며드는 香料로운 滋養!

海拔五千떼이트 卷雲層우에
그싯는 성냥불!

東海는 푸른 插畵처럼 옴직 않고
누위 알이 참벌처런 옮겨 간다.

戀情은 그림자 마쟈 벗쟈
산드랗게 얼어라! 귀뜨람이 처럼.

― 毘盧峯 1

1933년 6월『카톨릭 靑年』1호에 발표된 이 시는 금강산 비로봉에서 바라보는 풍경을 소묘하듯 세필로 그리고 있다. 번개가 치는 모습을 '그싯는 성냥불!'이라 하거나 우박이 내리는 광경을 '누위 알이 참벌처런 옮겨 간다.'고 한 것은 정지용이 지닌 발랄한 언어감각을 보여준다는 점에서 주목할 만하다. 이에 비해 김현구의 「비로봉」은 사실적이고 장중하다. '花蛇떼처럼 기어오르는 봉우리'나 '돌산 이마에 펄렁거리는 瀑布' 등은 김현구 나름으로 조탁을 가한 독창적 표현이라고 할 수 있다. 시상의 전개가 약간 평면적이라는 약점이 보이지만 언어적 밀도나 전체적 구도로 보아 「한라산정에서」와 더불어 김현구의 후기시를 대표작이라 보아도 큰 무리가 없을 것이다.

4. 암흑시대와 김현구 시의 종장

한라산과 금강산을 등반하며 암흑의 시대를 지내고 난 다음 온

민족이 고대하던 광복의 그 날이 왔다. 그러나 광복의 감격은 잠간이고 좌우와 남과 북으로 갈리는 정치 투쟁의 와중에서 김현구는 갈가리 찢겨나가는 조국의 현실을 통탄하면서 감격의 그 날로 다시 돌아가 참된 외적을 지키자고 호소했다.

三十六年 동안의 그압재도 지긋지긋 하려거든
우리끼리 이렇게 싸우다가 또다시 뉘좋은밥 될 것인가
사랑하는 兄弟여 姉妹여
다 같이 한 대 뭉쳐 그총그칼들고
우리의 참된원수 外敵을 지키잤구나
오오 乙酉年 八月 一五日 !
다시한번 도라가자 感激의 그날로 그날로

—「乙酉年 八月 15日」 마지막 연

모두 61행 8연으로 이루어진 장시이다. 정든 친구가 하루 아침에 적이 되어 총칼을 겨누고 싸우는 혼란한 세상에 환멸을 느낀 김현구는 다시 감격의 그날 을유년 8월 15일로 돌아가 새로운 역사를 시작하자고 강경한 목소리로 호소하고 있다. 그러나 그의 호소는 현실적 힘을 발휘하지 못하고 끝내 남북이 분단되었고 이어 민족상생의 비극적 전쟁이 발발했다. 김현구 또한 그 대표적 희생자가 되었다. 아마도 그 자신의 죽음을 예견하고 썼을 것으로 짐작되는 다음 시는 그가 평생 노래한 시가 어떤 의미를 갖는 것인지 다시 되새겨 보게 만든다.

내가 죽어 이세상을 떠나버리고 업는 뒷날
혹 나의잇는곳을 아르시고 하시는 분은
드을에 나가서 땅찔내더러 무러주십시오
나는 그의에게 나의 잇슬곳을 약속하고 감니다

죽엄이 차자와서 나를 부르거든
나는 님의손ㅅ길도 뿌리치고 따라가렵니다
아조가는 그날리 무어 못니칠게 잇사오리까만
내가부르든 노래나마 남겨두고 가오리다

—「내가 죽어 이 세상을」

이 시의 화자는 내가 죽어 없는 그날 나를 찾으려 하는 사람들에게 자신이 어디에 있을 것인가를 땅찔레에게 전하고 가겠다고 말한다. 이 글의 서두에서 잠간 언급한 바 있지만 김영랑을 상징하는 꽃이 모란이라면 김현구를 상징하는 꽃은 당찔레이다. 김현구 시의 언어가 화려한 것이 아니었던 것처럼 화려한 꽃은 아니지만 대지에 뿌리박고 사는 강한 생명력을 지닌 땅찔레에게서 김현구는 자신의 분신을 발견했을 것이다. 그가 인간적으로 힘들고 고독한 순간 그는 사람이 아니라 땅찔레와 대화하며 살았을 것이다. 가난하고 고독한 그에게 죽음이 찾아와 아주 세상을 떠나는 그날 그가 남길 것은 세상을 살며 부르던 노래일 것이며 그 노래를 땅찔레에게 남겨 두고 가겠다는 것이다.

시가 노래라는 것은 서정시로 일관한 그가 굳게 믿었던 확신이다. 그 노래로 인해 가난하다고 핍박을 받아도 그는 당당하게 자신을 긍정하며 세상을 살 수 있었을 것이다. 남들이 눈길을 주지 않는 땅찔레처럼 풍요로운 자연에 뿌리박고 자신만의 생을 살았을 것이며 그가 세상에 남길 것도 자신의 노래 외에는 아무 것도 없다는 것을 운명처럼 자각했음을 보여 주는 것이 위의 시이다. 그의 예감이 적중했는지 그가 1950년 6.25가 발발하자 공산당 프락치에게 피살당한 것은 매우 유감스럽지만 지극히 불행하고 운명적인 일이었다고 하지 않을 수 없다.

4. 시문학파와 김현구의 문학사적 의미망

시문학파의 문학사적 의미를 논하는 자리에서 필자는 시문학파가 문학사적 의미를 갖게 된 것은 시문학지의 발간은 물론 정지용시집과 김영랑의 시집의 발간을 했기 때문이라도 말한 바 있다. (『정지용시와 비평의 고고학』, 서정시학, 2013) 애초에 박용철이 계획한대로 김현구의 시집이 시문학사에서 간행되었더라면 김현구 개인의 문학사적 의미는 물론 시문학파의 문학사적 비중도 보다 견고한 토대를 가질 수 있었을 것이다.

그러나 박용철의 갑작스런 타계와 김현구의 고지식한 성격 탓으로 인해 1940년 첫 시집을 발간하지 못하게 되었으며 그 결과 김현구는 1930년대 문학사에서 사라졌으며 그의 시집이 간행된 1970년까지 제대로 된 문학사적 평가를 받지 못하게 되었다. 여기서 우리는 문학사적 의미를 부여할 때 당대적 평가의 중요성을 다시 한번 깨닫게 된다.

김선태 교수가 편한 『김현구전집』 (태학사, 2005)을 정독해 본 결과 김현구의 시는 당대의 문학적 수준으로 보아 나름대로 독자적 평가를 받을 수 있는 충분한 가치를 지니고 있다고 여겨졌다. 오히려 1930년 『시문학』 동인으로 등단하여 박용철이 주도한 『문예월간』 (1931), 『문학』 (1934) 이외에는 전혀 다른 지면에 작품을 발표하지 않았던 까닭에 시문학파의 가장 정통파라고 볼 수도 있을 것이다. 김현구는 순수한 서정시를 지향했고 시가 노래라는 인식도 분명히 갖고 있었다. 초기에 다수 작품에서 선보인 사행시를 넘어서서 자신의 독자적 영역을 개척했다는 점도 이 글을 통해서 어느 정도 밝혀졌을 것이다. 그리고 김영랑과의 인간적 문학적 관계를 벗어나서 정지용과의 문학적 관계 설정을 새로이 모색했다는 것도 이 글이 지닌 의의일 것이다. 김영랑의 시가 모란으로 상징된다면 김현구의 시는 땅찔레꽃으로 상징되며 정지용의 「백록담」이나 「비로봉」과 대비된 「한라산정에서」나 「비로봉」 시편을 기억한다면 김현구의 시적 의미나 문학사적 평가는 새로운 국면을 맞이해야 할 것이다.

김현구 연보

1903년 11월30일 전남 강진군 강진읍 서성리 179번지에서 아버지 金海 金氏 璐植과 어머니 金海 金氏 光子 사이의 5남 4녀 중 셋째 아들로 태어남

1906년 김영랑 등과 함께 官書齊에서 한학을 공부함

1911년 강진공립보통학교(현 중앙초등학교) 입학

1912년 강진공립보통학교 중퇴

1914년 강진국립보통학교 재입학

1918년 강진공립보통학교 졸업. 4월 영랑의 첫 부인 김은초가 사망하자 3편의 애도시를 씀

1920년 배재고보 입학 후 중퇴, 귀향하여 북산 병풍바위와 비둘기바위 벗 삼아 시를 씀

1921년 일본 유학길에 올랐으나 가정 사정으로 학업을 중단하고 귀국(학교 미상). 이때부터 현구는 영랑, 차부진 등과 『靑丘』 라는 동인집을 발간하는 등 본격적인 시작에 몰두

1927년 25세에 해남군 북평면 출신 南陽 洪氏 忠德과 결혼. 이후 슬하에 元培(장남, 사망), 銀姬(장녀), 錦姬(2녀), 貞姬(3녀), 文培(2남), 俊培(3남), 明姬(4녀), 璟姬(5녀), 光姬(6녀) 등 9남매(3남 6녀) 둠

1930년 영랑과 용아의 천거로 『詩文學』 2호(5월)에 「님이여 강물이 몹시도 퍼렀습니다」를 비롯한 4편의 시를 발표함으로써 시단에 나옴. 이후 詩文學派로 본격 가담하면서 『文藝月刊』, 『文學』 등에 8편의 시를 발표하는 등 활발한 시단활동을 벌임

1934년 강진군 강진읍 서성리 214번지로 분가함. 이때부터 가족들의 생계를 위해 궁여지책으로 강진읍 사무소의 직원으로 근무. 시문학파가 해체의 일로에 놓이자 『文學』 3호에 「산비달기 같은」을 마지막으로 공식적인 시단활동을 중단. 이후 강진에 칩거하며 自足的인 시작생활을 펼침

1936년 『鄭芝溶詩集』, 『永郎詩集』에 이어 현구의 시집을 시문학사에서 출간하려 하였으나 龍兒 朴龍喆의 와병에 이은 사망(1938년)으로 실패

1941년 시집 제목을 『無常』으로 정하고 광명인쇄공사에서 시집을 출간하려 하였으나 출판사측과의 마찰(현구가 한사코 비매품으로만 출간하려 함)로 실패

1949년 공보처 출판국장으로 있는 영랑에게 시집을 발간하기 위해 원고를 맡겼으나 6·25가 터지자 영랑이 원고 분실

1950년 10월3일 오후 4시 6·25 전란 와중에 공산당 프락치에 의해 落花亭이 있는 강진읍 서성리 소나무 동산에서 죽임을 당함(만46세). 영랑은 그보다 나흘 빠른 9월 29일 서울에서 사망

1970년 사후 20년 만에 유족들을 비롯한 현구기념사업회에 의해 유고시집『玄鳩詩集』출간

1977년 서강대 김학동 교수가 그의 저서『韓國現代詩人 研究』에서『玄鳩 金炫耇論』이라는 제목으로 최초로 현구의 시를 조명함

1992년 강진군 후원으로『玄鳩詩集』再版인『金炫耇詩集』출간. 강진군립도서관 앞의 永郎詩碑가 마주 보이는 자리에 玄鳩詩碑 세워짐

1996년 최초의 본격 연구물인 金善泰의 박사학위 논문『金玄鳩 詩 研究』(원광대)가 나옴. 월간『現代文學』2월호에서 '문학의 해'를 맞아 이를 특집으로 다룸

1997년 김선태의 단행본『金玄鳩 詩 研究』(국학자료원) 출간됨

2012년 김현구를 비롯한 시문학파 9인을 기리는 시문학파기념관이 강진에 건립됨

2013년 시문학파기념관 김선기 박사「김현구의 시 세계 고찰」학술 발표(전남대)

2013년 목포대 김선태 교수「비애와 무상의 시학」학술 강연

2014년 전남대 임환모 교수 「김현구 시의 문학사적 의의에 대하여」 학술 강연

2014년 고려대 최동호 교수 「시문학파와 김현구의 시세계」 학술 강연

2015년 중앙대 이경수 교수 김현구 시에 나타난 공간 표상의 변모와 그 의미」 학술 강연

2015년 시문학파기념관 야외에 김현구 부조물 설치

2015년 강진군에서 현구생가 매입, 복원작업 착수

2016년 세계모란공원 내 김현구 시비 건립

2017년 제1회 현구 문학의 향연 개최

2017년 경희대 김종회 교수 「김현구와 1930년대 시문학파」 학술 강연